소중한 내 인생
지금부터 시작이다

소중한 내 인생
지금부터 시작이다

30일, 인생의 뱃머리를 돌리는 시간

방성일 지음

들음과봄

추천사

책을 펼치면서 저는 마치 <박물관이 살아있다>라는 영화를 보는 것과 같은 신선한 감동과 재미를 경험했습니다. 저자는 박물관의 박제처럼 죽은 언어로 글을 쓴 것이 아니라, 생동감 있는 살아있는 어휘들을 선택하여 독자들의 마음에 잔잔한 감동을 선사합니다.

저자는 다섯 개의 핵심 키워드를 통해 인생의 실제적 교훈을 제공합니다. '나', '인생', '지금', '시작', 그리고 '소중함'입니다. 저자는 소중한 '나'라는 존재야말로 우리·삶의 주권자 되시는 하나님 안에서만 참된 존재의 의미를 찾을 수 있다고 말합니다. 사람은 모두 자기 삶의 스토리를 쓰고 있습니다. 그중 일부는 나름 성공적인 스토리를 가지고 있지만, 대다수는 여전히 다양한 이유로 인생의 힘든 구간을 지나고 있을 것입니다. 저자는 우리의 일상이 힘들게 느껴지는 것은 삶의 무난히 지나간 부분들을 하나님의 은혜로 생각하지 않고, 당연하게 여긴 결과라는 교훈을 줍니다.

그리고 저자는 독자들에게 과거에 머무르지 말고 어떻게든 현재를 직시할 것을 촉구합니다. 사실 많은 경우 우리의 길을 가로

막고 있는 것은 위협적인 무엇이 있다기보다는 '두려움'이라는 저자의 통찰은 현재를 분명하게 이해하고 일어날 힘을 줍니다. 현대인들 사이에 만연하고 있는 '결정 장애' 역시 두려움의 산물입니다. 사람이 선택의 갈림길에서 결단하지 못하고 주저하는 것은 결정했을 때 발생할 단점이 너무 크게 느껴지기 때문입니다. 그러나 세상의 이치는 거의 동일합니다. 우리의 선택에는 장단점이 공존합니다.

저자가 주는 교훈은 기도하고 결단하며 앞으로 나아가라는 것입니다. 우리 결정에서 오는 단점은 주님께 맡기고, 장점만 보고 앞으로 나아갈 때 우리의 삶은 지금보다 훨씬 풍요로울 것입니다. 지금 삶이 혼란스럽고 무겁게 느껴진다면 저자가 제공하는 통찰을 통해 미래에 펼쳐질 약속된 풍성한 삶의 여정을 꿈꾸십시오. 부디 이 책과 더불어 시작하시기를 바랍니다.

오태균 교수
(총신대학교 신학대학원)

예기치 못한 팬데믹으로 인해 모두가 어둡고 우울한 긴 터널을 지나가고 있습니다. 코로나19로 잔뜩 움츠러든 이들에게 어깨를 쭉 펴고 앞으로 나아가게 할 희망의 메시지가 절실합니다. 이러할 때 꿈과 소망과 새로운 기회를 도전하는 소중한 책이 출간되었습니다. 방성일 목사가 집필한 『소중한 내 인생 지금부터 시작이다』란 책입니다.

저자의 책은 언제나 밝고 맑으며 소망적인 내용으로 가득 차 있습니다. 고향을 떠올리게 하며, 동심을 유발케 하고, 마음을 따뜻하게 해주며 남다른 생을 살게 도전을 줍니다. 본서 역시 우리 인생이 눈부시게 아름답고 존귀하단 사실을 보여주면서, 하나님의 사람들은 무엇을 위해서 살아야 하며, 또 무엇을 남기고 떠나야 하는지에 관한 큰 그림을 그리게 해줍니다. 하나님은 우리를 걸작품poiema, masterpiece(엡 2:10)으로 계획하셨습니다. 그렇기에 우리는 유별나고 구별된 삶을 꿈꾸며 살아야 합니다. 우리 주위에는 평범한 일상에 젖어 사는 이가 적지 않습니다. 특별나게 사는 걸 싫어하는 이도 많습니다. 하지만 하나님의 자녀라면 자신에게 부여된 신분과 사명을 놓쳐서는 안 됩니다. 특별한 목적을 갖고 부름을 받은 이상 남달리 살아야 합니다. 본서는 그럭저럭 살아가는 평범한 일상을 넘어, 비범한 인생으로 나아가도록 격려하는 메시지로 꾸며져 있습니다.

삶에 지치고 은혜에 주린 이들에게 본서를 강력히 추천합니다.

신성욱 교수
(아세아연합신학대학교 설교학)

프롤로그
하나님 때문에 또다시 인생 찬가를 부를 수 있습니다

'인생의 뱃머리를 돌리는 시간'

매년 11월이면 온 성도가 새벽을 깨우며 하나님 앞에 자신을 돌아보며 새롭게 다짐합니다. 이달의 주제는 '내 생애 마지막 한 달'입니다. 30일 동안 다시 못 올 하루하루를 아름답게 만들어가는 '인생 하프타임 프로젝트'입니다. 사람은 누구나 자신도 모르게 흐트러진 삶의 궤도를 수정하는 시간이 필요합니다. 한 해를 시작하며 다짐했던 초심을 다시금 일깨우기 위함입니다. 첫사랑이 순수하고 가슴 뛰는 것처럼 처음은 언제나 순전하고 선합니다. 그런데 시간이 흐르면서 순수했던 마음은 변하기 쉽고, 첫 열정은 식기 쉽습니다. 바르게 가고 싶었지만 녹록하지 않은 삶의 순간들을 겪고 나면 자신도 모르게 흐트러지게 됩니다. 그래서 우리는 잠시 멈춰 서서 자신을 돌아보고 점검하는 하프타임이 필요합니다.

어두운 새벽, 차량 불빛과 몰려드는 사람들로 우리의 하루가 시작됩니다. 제가 주차할 자리 하나라도 남겨서 다른 사람이 편히 주차하길 바라는 마음에 새벽예배에 걸어서 참석했습니다. 초겨울 느낌이 나는 어두운 길을 아내와 함께 걸었습니다. 가로등 불빛에 비치는 낙엽들은 더욱 아름답게 보였습니다. 떨어진 낙엽을 밟으며 새벽예배를 가는 기쁨을 누가 알겠습니까! 차를 타고 간다면 빠르게 지나치고 말 테지만 걸어가는 우리에게 보너스 같은 기분입니다. 어느 새벽, 낙엽이 유난히 많았던 그날, 아내가 나를 바라보며 구르몽(Remy de Gourmont)의 시 한 구절을 읊조렸습니다. "시몬, 너는 좋으냐? 낙엽 밟는 소리가." 시를 인용해서 내게 좋으냐고 묻는 것 같았습니다. 그 시는 그 한 구절만 좋습니다. 다음부터는 이렇게 되어 있지요. "… 낙엽 빛깔은 정답고 모양은 쓸쓸하다. 낙엽은 버림받고 땅 위에 흩어져 있다…." 그리고 그 시는 이렇게 끝을 맺습니다. "… 가까이 오라, 우리도 언젠가는 낙엽이리니 가까이 오라, 밤이 오고 바람이 분다. 시몬, 너는 좋으냐? 낙엽 밟는 소리가" 쓸쓸하고 허무한 감정이 일어나는 시입니다. '헛되고 헛되다'라는 솔로몬의 고백처럼 느껴집니다. 인생이란 과연 쓸쓸하고 헛된 존재일까요?

 우리 인생은 찬가를 부를 만큼 아름다운 것입니다. 하나님이 사람을 만드실 때 너무나도 보시기에 좋은 존재로 창조하셨습니다. 개는 개처럼 만드시고, 소는 소처럼 만들었지만, 사람은 하나님처럼 지으셨습니다. 흙으로 손수 사람을 빚으시고 그 코에 하나님의 생기를 불어넣으셨습니다. 하나님의 형상대로 사람을 지으신 것입니다. 그리고 에덴에 두시고 모든 것을 다스리는 권한을 주셨습니다. 생육하고 번성하는 복을 주셨고 다스리고 정복하는 능력을 주셨습니다. 우리는 예수 안에서 무엇이든 할 수 있는 존재입니다. 그런 까닭에 삶의 흐느적거리는 사람들이 이 책을 읽고 다시 꿈꾸기를 바라는 마음입니다. 하나님 주시는 꿈으로 가슴 뛰는 삶을 살아가도록 돕고 싶습니다. 하나님의 마음도 다르지 않습니다. 하나님은 우리가 잘되기를 바라십니다. 누구든지 그리고 얼마든지 그렇게 할 수 있습니다.

사람의 마음 깊은 곳에는 영혼의 우물이 있습니다. 그 우물에서 물을 길어 올리면 풍성한 삶을 살게 됩니다. 그 물의 이름은 꿈입니다. 밥이 아니라 꿈 하나가 메마른 인생을 푸르게 합니다. 꿈이 있으면 주저앉지 않습니다. 절망도 이겨 냅니다. 꿈이 그 사람을 이끌어 가기 때문입니다. 작은 도토리 한 알 속에 큰 상수리나무가 들어 있듯이 꿈을 가진 사람은 푸르고 푸른 그리스도의 계절을 품고 사는 것입니다. 메마른 광야 같은 현실 앞에서도 젖과 꿀이 흐르는 가나안을 바라봅니다.

언제나 그렇듯 목회자는 자녀가 잘되기를 바라는 아비의 심정입니다. 한 해 동안 준비하고 전했던 말씀들을 한 달 동안 되새기듯 '내 생애 마지막 한 달'에서 나누며 책으로 엮었습니다. 한 번 스치듯 지나가는 비는 땅을 적실뿐이지만, 또다시 비가 내리면 그때는 흘러서 시내가 되고 강이 되기도 합니다.

지난날을 후회할지라도, 후회를 넘어 생각하고 싶지 않은 얼룩진 상처일지라도, 하나님은 따지거나 '왜 그랬냐?'고 묻지 않습니다. 오히려 지금부터 시작하라고 재촉하십니다. 그리고 또다시 밀물을 보내 주십니다. 새로운 기회를 주십니다. 갯벌 위에 파선된 배 같은 인생을 수평선 너머 멋진 미래로 나아가기를 원하십니다.

'소중한 내 인생 지금부터 시작이다.'

확실히 그렇습니다. 이 책을 마법의 주문처럼 자꾸만 되뇌고 싶습니다.

눈부신 내일을 꿈꾸는
방성일 목사

차례

추천사 04
프롤로그 08

Part 1
꿈, 새로운 시작

01 소중한 내 인생, 지금부터 시작이다 16
어제의 나와 경쟁하기/ 믿음이 큰 사람/ '증인'의 꿈을 꾸라/
오직 성령이 너희에게 임하시면

02 소망의 항구는 준비되어 있다 34
소망의 항구/ 무엇이든지 원하는 대로/ 두려움을 이기고/
두 가지 믿음

03 기도한다, 그러므로 나는 꿈꾼다 53
꿈을 잃어버린 사람/ 기도의 끈을 부여잡고/ 꿈을 디자인하라

04 희망한다, 그러므로 내 인생 눈부시다 72
빛나는 인생/ 희망의 근거/ 믿음과 기다림

Part 2
목표, 새로운 인생

05 눈에 보이는 것이 전부가 아니다 92
나사렛에 무슨 선한?/ 나를 누구라 하느냐?/ 믿음의 눈으로

06 품격 있는 사람은 존귀하다 109
헛된 말과 거짓을 멀리하시고/ 가난하게도 부하게도 마옵시고/
하나님 자녀의 정체성/ 인생의 비밀

07 당신은 무엇을 위하여 살고 있는가?   130

인생은 나그네 길/ 마지막을 준비하며/ 안개 같은 우리 인생/
우리가 염두에 둬야 할 것

08 최고의 삶 vs 최선의 삶   145

본향을 그리워하며/ 1등이 아니고 끝까지/ 최고가 아니라 최선/
잊어버리고/ 푯대를 향해

09 삶이 곤고할 때, 큰 그림을 보라   163

예기치 않게 찾아오는 고난/ 고난의 원인 / 고난을 이겨내는
방법/ 하나님의 뜻

Part 3
다시, 새로운 기회

10 당신은 다시 시작할 수 있다   182

말 속에 능력이 있다/ 시작의 첫걸음/ 예배에 열정을 품는 자

11 당신에게 다시 밀물이 오고 있다   198

희망이 없다고 생각이 될 때/ 고생을 넘어 고난으로/
때를 준비하라

12 당신은 다시 꿈꿀 수 있다   218

나를 향한 관심/ 복 주시는 하나님/ 하나님이 주시는 세 가지 복/
은혜로 일어서기

13 당신은 무엇을 남기고 떠날 것인가?   235

아름다운 이별/ 이별 준비 1: 구원받는 일에 힘쓰자/
이별 준비 2: 증인으로 살자/ 지금 바로 준비하는 사람

Part 1
꿈, 새로운 시작

사람은 늙고 나이 들어서 새로운 도전에 대한
꿈을 중단하는 것이 아니라,
새로운 도전에 대한 꿈을 접을 때 늙는다.
만약 꿈이 없다면 나는 나도 모르는 사이에
천천히 그러나 확실히 시들어 버릴 것이다.

by 엘링 카게(Erling Kagge)

01

소중한 내 인생,
지금부터 시작이다

행 1:12-14

> 12 제자들이 감람원이라 하는 산으로부터 예루살렘에 돌아오니 이 산은 예루살렘에서 가까워 안식일에 가기 알맞은 길이라
> 13 들어가 그들이 유하는 다락방으로 올라가니 베드로, 요한, 야고보, 안드레와 빌립, 도마와 바돌로매, 마태와 및 알패오의 아들 야고보, 셀롯인 시몬, 야고보의 아들 유다가 다 거기 있어
> 14 여자들과 예수의 어머니 마리아와 예수의 아우들과 더불어 마음을 같이하여 오로지 기도에 힘쓰더라

우리의 인생은 정말 소중합니다. 한 번이기에 소중하고, 세상에 그 어떤 것도 바꿀 수 없는 인생이기에 소중합니다. 그러므로 우리의 삶을 아무렇게나 내버려 두면 안 됩니다. 하나님은 우리가 멋진 인생을 살도록 준비해 놓으셨습니다. 우리는 시작하기만 하면 됩니다. 시작하는 사람에게 멋진 인생은 미소짓게 되어 있습니다. 시작한다는 것은 언제나 설렘을 동반합니다. 새로운 일을 시작하고, 새로운 계

획을 세우며, 새로운 길을 가는 것은 언제나 우리 마음에 희망과 설렘을 줍니다. 하나님은 오늘도 우리 앞에 멋진 삶을 준비해 놓으시고 부르시고 계십니다. 여러분은 단지 시작하면 되는 것입니다. 찰스 스펄전(Charles H. Spurgeon)의 시처럼 당신의 노래를 지금 부르면 됩니다.

할 일이 생각나거든 지금 하십시오

찰스 스펄전

할 일이 생각나거든 지금 하십시오.
오늘 하늘은 맑지만 내일은 구름이 보일는지 모릅니다.
어제는 이미 당신의 것이 아니니 지금 하십시오.
친절한 말 한마디가 생각나거든 지금 하십시오.
내일은 당신의 것이 안 될지도 모릅니다.
사랑하는 사람이 언제나 곁에 있지는 않습니다.
사랑의 말이 있다면 지금 하십시오.
미소를 짓고 싶다면 지금 웃어주십시오.
당신의 친구가 떠나기 전에 장미가 피고 가슴이 설렐 때
지금 당신의 미소를 보여주십시오.
불러야 할 노래가 있다면 지금 부르십시오.
당신의 해가 저물면 노래 부르기엔 너무나 늦습니다.
당신의 노래를 지금 부르십시오.

어제의 나와 경쟁하기

주님이 예비해 놓으신 자리, 그 곳으로 가는 길은 '지금'입니다. '지금'이 중요합니다. 한 번뿐인 우리의 소중한 인생, 지금부터 시작입니다. 그런데 먼저 생각해 볼 것이 있습니다. 우리보다 앞서간 사람, 더 뛰어나다고 평가받는 사람들이 가지는 특징은 무엇입니까? 사람들은 대부분 자신보다 앞선 사람들에 대해 불편한 감정을 가집니다. '나보다 괜찮은 사람'이라는 주변의 이야기가 들리면 시기심이 납니다. 자기도 모르게 그 사람을 평가하고 자신과 비교합니다. 그리고 그 사람을 뒤에서 욕하고, 불평하며 꼬투리를 잡습니다. 이는 죄인 된 인간의 본성입니다. 어느 방면에도 자기보다 앞서가는 사람을 보면 시기하게 되어 있습니다. 하지만 시기로만 끝나면 우리 인생에 죄책감만 남습니다. 시기하지 말고 부러워하면 그 사람을 배울 수 있습니다. 그리고 우리도 그 사람처럼 뛰어날 수 있습니다. 사촌이 땅을 사면 배가 아프고 부러우면 진다는 생각이 만연한 세상에서 우리는 한 걸음 나아가야 합니다. 시기와 질투에 머물지 말고 한 걸음 나아가 배울 점을 찾아 부러워해야 합니다. 부러워하는 것을 비하하지 마십시오. 배움의 원동력으로 삼으십시오.

그렇다면 앞서가는 사람이 가진 특징은 무엇일까요? 첫째, 꿈을 가지고 있습니다. 인생에 대한 꿈, 자기 삶에 대한 목표를 가지고 있습니다. 둘째, 실력을 갖추고 있습니다. 경쟁 사회 속에 실력이 없으면 이길 수 없습니다. 그래서 정정당당한 실력은 기본입니다. 셋째, 실력을 발휘할 수 있도록 열정을 품고 있습니다. 앞서가는 사람은 꿈과 실력, 열정을 가지고 있는 자입니다. 이 중 가장 중요한 것은 무엇일까요? 당연히 꿈입니다. 사람은 꿈이 있고 목표가 있어야 실력을 갖출 의지가 생깁니다. 또한 꿈이 있고 목표가 있으면 열정은 따라오게 되어 있습니다. 실력과 열정은 목표가 주어질 때 수반되는 것입니다. 하나님이 원하시는 멋진 인생을 살기 위해서는 좋은 목표를 세워야 합니다.

사람들에게 좋은 목표를 세우자고 말하면 각자 자신이 관심 가지고 있는 바를 목표로 세웁니다. 그러나 목표의 방향성이 중요합니다. 그와 함께 중요한 것은 목표를 설정하는 자세입니다. 사람들은 목표를 설정하면서 '내가 저 사람보다 앞서가야겠다. 저 사람을 이겨야겠다.'라며 자기보다 앞서가는 사람을 경쟁상대로 선정합니다. 그러니 늘 불편한 마음이 듭니다. 상대를 적으로 생각하고 이겨야 한다고 생각하니 불편합니다. 내가 조금 앞서면 그것을 유지하려니 힘들고, 뒤처지면 자존심이 상합니다. 정말 좋은 목표는 다른 사람과 경쟁하는 것이 아니라 '어제의 나'와 경쟁하는 것입니다. '어제의 나'보디 조금 나은 오늘을 사는 것입니다. 과거의 나, 어제의 나와 경쟁하며 오늘 조금 더 나은 삶을 살겠다는 자세가 목표 설정의 바른 자세입니다. '어제의 나'와 경쟁하면 행복합니다. 무엇보다 성장의 기쁨이 있기 때문입니다. 성장의 기쁨은 무엇을 소유하는 것보다 훨씬 큰 행복감을 줍니다. 살아가면서 성장해 간다는 것은 최고의 자랑이 됩니다. 자칫 쓰러질지언정 다시 일어날 원동력이 됩니다. 우리의 경쟁자는 어제의 자신입니다.

제 목양실에는 간단한 운동기구가 있습니다. 자전거를 조금씩 타니 하체가 튼튼해졌습니다. 화장실을 다녀올 때는 완력기로 열 개씩 팔 운동을 합니다. 힘이 있을 때는 금방 할 수 있지만, 호흡을 천천히 가다듬으면서 열 개를 하는 것이 얼마나 힘든지 모릅니다. 그렇게 열 개를 하고 나면 더 이상 하고 싶지 않습니다. 그래도 다시 화장실을 갈 때면 열 개를 합니다. 어느 날부터 열다섯 개로 목표를 수정했습니다. 열다섯 개를 목표로 세우니, 이상하게도 열 개까지는 쉽게 올라갑니다. 열하나, 열둘, 열셋, 열넷, 열다섯을 하면 더 이상 하고 싶지 않습니다. 왜냐하면 목표치인 열다섯 개를 했기 때문입니다. 사람은 신비합니다. 목표를 세워놓으면 그것까지는 도달할 힘이 몸에서 나옵니다. 열정이 나오고 에너지가 발산됩니다. 하지만 목표치에 도달하고 나면 더 이상 하고 싶지 않습니다.

머지않아 제 알통을 보게 될지도 모르겠습니다. 복근에 '왕(王)'자가 새겨질지도 모르겠습니다. 이거 한다고 될지 모르겠지만 그럼에도 저는 개인적으로 행복합니다. 왜냐하면 어제보다 조금 더 좋아졌기 때문입니다. 목표를 세워야 어제의 자신과 비교하여 성장하고 발전이 있습니다. 어제의 자신과 경쟁한다는 것은 행복한 일입니다.

믿음이 큰 사람

　정말 중요한 목표는 육체의 건강이나 유익만을 위한 것이 아닙니다. 더 중요한 것은 영혼의 강건함입니다. 목표의 방향성은 바로 영혼의 문제입니다. 영혼이 건강해야 삶이 아름답습니다. 마음이 병들면 아름다운 세상도 캄캄하게 보입니다. 영혼이 건강해야 합니다. 우리는 모두 예수님을 구주로 믿고 하나님의 자녀가 되었습니다. 함께 예배하며 공동체의 신앙 유익을 나누고 있습니다. 이 신앙생활은 마지막 우리 생이 끝날 때까지 하는 것입니다. 세상의 모든 것은 끝이 있습니다. 학교에 다니는 학생도 졸업이 있고, 직장을 다니는 직장인도 퇴사의 날이 있습니다. 지금 하는 모든 것들이 끝날 때가 있다는 것입니다. 그러나 예수님을 믿는 이 신앙생활은 우리가 이 땅에서 호흡이 멈추고 숨질 때까지 이어집니다. 주님을 찬송하다 주님 앞에 갈 때까지 하는 것입니다. 믿음을 가지고 주님 앞에 가는 영혼의 문제를 우리 삶의 목표로 잡아야 합니다. 기왕 예수님을 믿는 것 잘 믿으면 좋지 않겠습니까!

　예수님을 믿고 하나님의 자녀가 되었지만 큰 믿음도 있고 작은 믿음도 있습니다. 엄밀히 보면 어린이의 믿음이 있고, 청년의 믿음이 있으며, 장년의 믿음도 있습니다. 예수님도 "믿음이 작은 자들아."라고 말씀할 때가 있었습니다. 예수님을 우리의 구원자로 믿지만, 믿음이 작습니다. 이는 먹고 사는 문제로 염려하며 근심하는 자들입니다. "내가 널 먹일 건데, 왜 염려하느냐? 믿음이 작은 자들아!"라고 꾸짖으십니다. 어떤 경우에는 "네 믿음이 크도다!"라고 말씀하셨습니다. 이방 가나안 여인이 귀신 들린 자기 딸을 예수님께 고쳐달라고 간청하였습니다. 예수님이 계속 외면하였는데도 여인은 예수님께 매달리고 또 매달렸습니다. 그러자 예수님은 "네 믿음이 크도다. 여자여, 네 믿음이 크도다."라고 칭찬하셨습니다. 언제까지 어린애처럼 흐느적거리며 믿음 생활할 겁니까? 빛나는 인생은 영혼의 강건함을 말하는 것이며, 이는 예수님을 잘 믿고 성장하는 것입니다.

여러분, 믿음이 큰 사람이 되길 소망합니다. 믿음이 큰 사람이 되기 위해서는 방법이 있습니다. 수년 전만 해도 새가족이 등록을 하면 제가 환영을 하고 면담을 했습니다. 새가족으로 남자 성도님이 오시면 "우리 하남교회에 잘 오셨습니다. 이제 이 교회에서 좋은 장로가 되어야지요."라는 목표 가지기를 권면합니다. 그러면 볼 것도 없이 잘 믿게 됩니다. 심방을 하지 않아도 잘 믿습니다. 왜냐하면 목표가 생겼기 때문입니다. 여자 성도님에게도 "우리 하남교회에 잘 오셨습니다. 하남교회의 좋은 권사가 되길 목표로 가지십시오."라고 권면하면 저절로 신앙생활을 잘합니다. 우리는 모두 하나님의 자녀라는 신분을 받았습니다. 그리고 직분도 받았습니다. 그러니 예수님을 믿는 하나님의 어린 자녀로만 머물지 말고 더 성장하는 큰 믿음의 사람, 영혼이 더 좋아지는 성숙한 사람이 되길 바랍니다. 어제의 나와 경쟁해서 더 좋은 믿음의 사람이 되어 멋진 인생으로 살아가길 축복합니다.

'증인'의 꿈을 꾸라

> 너희는 이 모든 일의 증인이라(눅 24:48)

예수님께서 부활하시고 승천하시기 전에 제자들에게 말씀하십니다. "너희는 이 모든 일의 증인이라." 예수님의 죽음과 부활의 증인이라고 말씀하시며 하늘로 승천하셨습니다. 제자들의 신분을 '증인'이라고 분명하게 선포하신 것입니다. 하지만 제자들에게는 이 증인으로서 신분을 감당할 힘이 없었습니다.

> 볼지어다 내가 내 아버지께서 약속하신 것을 너희에게 보내리니 너희는 위로부터 능력으로 입혀질 때까지 이 성에 머물라 하시니라(눅 24:49)

신분은 증인이지만 감당할 힘이 없던 제자들에게 예수님은 어떻게 해야 할지를 알려주셨습니다. 아버지께서 약속하신 것을 너희에게 보낼 테니 이 성에 머물러 있으라고 말씀하십니다. 제자들에게 새로운 꿈이 생겼습니다. 더 성장해야 할 꿈이 생겼습니다. 증인이지만 감당할 힘이 없었는데, 새로운 목표가 생긴 것입니다. 사도행전의 말씀을 보면 새로운 꿈을 가진 제자들이 감람 산으로부터 내려와 고향인 갈릴리로 가지 않고 예루살렘으로 돌아왔다고 기록되어 있습니다. 예수님의 승천 이후 흩어진 것이 아니라, 약속하심을 기다린 것입니다. 옛날로 돌아가 갈릴리 바다의 어부로 살아가는 것이 아니라 주님이 약속하신 위로부터 오는 능력을 덧입기 위해 모인 것입니다. 증인에 걸맞은 사람이 되기 위해서 새로운 꿈을 꾸면서 함께 모였습니다.

저도 목사이자 한 성도로 인생을 살아보니, 우리가 애쓰며 살아가지만 지나고 보면 모든 것이 하나님의 인도하심이었다는 것을 뼈저리게 느낍니다. 이스라엘이 가장 사랑하는 왕, 다윗은 예수님의 족보에 기록될 만큼 세상 사람들에게까지도 잘 알려진 인물입니다. 인간 다윗의 인생을 보면 하나님의 손이 그와 함께했다는 것을 알 수 있습니다. 다윗은 양을 치면서 하프를 연주합니다. 오랜 기간 연주를 하다 보니 다윗의 하프 연주 실력은 뛰어났습니다. 당시 사울 왕에게 악령이 들었습니다. 여러 방법을 사용해도 귀신은 떠나지 않습니다. 그때 하프를 타던 다윗이 사울 왕에게 연주를 들려줍니다. 그러자 사울에게 있던 악령은 도망치고 맙니다. 다윗의 하프 타는 실력이 뛰어나서 악령이 도망친 것일까요? 하프를 타는 것은 다윗이지만 귀신을 도망가게 한 것은 하나님의 역사였습니다. 사람이 할 수 있는 것이 아닙니다. 대학에서 음악을 전공하고 유학을 다녀온다 할지라도 연주를 통해 귀신을 쫓아낼 수는 없을 것입니다. '하프는 내가 탔지만, 귀신을 쫓아내는 것은 하나님이 함께하셔야 하는구나.' 다윗은 하나님의 손길을 경험했습니다.

양을 치는 것은 힘든 일입니다. 밤낮으로 양 떼를 공격하는 동물들을 주의 깊게 살피며 쫓아내야 합니다. 그래서 다윗은 물매를 잘 던질 수 있었습니다. 어느 날 다윗이 형들에게 먹을거리를 가져다주기 위해 엘라 골짜기로 갑니다. 그곳에서 다윗은 블레셋의 거인 골리앗이 하나님을 모욕하는 것을 봅니다. 그리고 자기 주머니에서 돌 하나를 꺼내어 물매에 올려놓고 던집니다. 돌은 날아가 블레셋 사람의 이마를 맞혔고 골리앗은 앞으로 고꾸라져서 죽습니다. 돌을 잘 던진다고 어떻게 거인 장수가 쓰러지겠습니까? 돌을 던지는 사람은 다윗이지만 그 장수를 쓰러뜨린 분은 하나님이십니다. 다윗은 다시 한번 하나님의 역사를 뼈저리게 경험합니다.

> 나의 앞날이 주의 손에 있사오니 내 원수들과 나를 핍박하는 자들의 손에서 나를 건져 주소서 (시 31:15)

다윗은 삶의 여정이 하나님 손에 있다는 것을 알 뿐만 아니라 죽고 사는 문제도 오직 주님의 손에 달려 있음을 깨달았습니다. 그래서 다윗은 자신을 원수들의 손아귀에서 건져 주시고, 뒤쫓아오는 자들, 핍박하는 자들에게서 구원해 달라고 기도합니다. 사울 왕은 군사를 거느리고 다윗을 죽이려고 쫓아옵니다. 한 나라의 왕이 자신을 죽이고자 군대를 동원하는 모습을 보면서 다윗은 자신의 앞날이 사울의 손에 있는 것처럼 느껴졌을 것입니다. 아니 다른 사람들은 모두 그렇게 생각했을 것입니다. 하지만 다윗은 자신의 앞날이 사울의 손에 있는 것이 아니라 주의 손에 있음을 믿음으로 고백합니다.

우리의 앞날은 모두 주의 손에 있음을 믿으시기 바랍니다. 어떤 힘 있는 사람의 손에 달린 것이 아닙니다. 재력가의 손에 달린 것도 아니고, 직장 상사의 손에 달린 것도 아닙니다. 지금 하는 그 사업에 인생이 달린 것도 아닙니다. 우리의 앞날은 오직 주님의 손에 있습니다. 하나님의 손에 우리 삶이 달린 것입니다.

베드로는 혈기왕성한 제자로 유명합니다. "내가 죽을지언정 주님을 부인하지 않겠습니다."라며 호기롭게 큰소리쳤습니다. 하지만 예수님의 말씀대로 베드로는 닭이 울기 전에 세 번이나 부인합니다. "나는 예수님 몰라요. 그 양반 모른다니깐요!" 나중에는 저주까지 합니다. 그의 결심과 호기로움이 모두 없어진 것입니다. 도마도 그랬습니다.

> 디두모라고도 하는 도마가 다른 제자들에게 말하되 우리도 주와 함께 죽으러 가자 하니라 (요 11:16)

도마는 예수님을 위해 죽겠다고 말합니다. "우리도 주와 함께 죽으러 가자!" 예수님께 목숨을 건 것입니다. 그렇게 큰소리치던 도마도 예수님께서 십자가에 달리실 때는 도망가 버렸습니다. 어디에 있는지 알지 못합니다. 이후 제자들이 모인 자리에도 보이지 않습니다. 예수님이 부활했다고 하니, "난 못 믿어. 예수님의 손가락에 손을 넣어보고, 옆구리에 손을 넣어봐야 믿을 수 있어. 난 믿을 수 없어."라고 말합니다. 그의 모든 결심은 소용없었습니다. 인간의 굳은 결단도 안 됩니다. '증인'이라는 신분은 받았지만, 아직 힘이 없습니다. 그 신분을 감당할 능력이 없는 것입니다. 마치 운전면허증은 받았는데 운전할 실력이 없는 것과 같습니다. 성경대로 말하면 아이는 잉태했는데 아이 낳을 힘이 없다는 것입니다.

오직 성령이 너희에게 임하시면

> 오직 성령이 너희에게 임하시면 너희가 권능을 받고 예루살렘과 온 유대와 사마리아와 땅 끝까지 이르러 내 증인이 되리라 하시니라(행 1:8)

다른 길은 없습니다. '오직 성령'입니다. 성령이 우리에게 오시면, 우리가 권능을 받아 온 세상 방방곡곡 모든 곳으로 나아가 증인으로 살아갈 수 있게 됩니다. 우리의 결단도 결심도 목숨을 거는 것도 아무런 능력이 없습니다. 오직 성령을 받기만 하면 되는 것입니다. 보배롭고 소중한 우리 인생, 어떻게 시작할 수 있을까요? 어떻게 우리 삶을 새롭게 시작할 수 있을까요? 더 늦기 전에 '지금' 시작하면 됩니다. 걱정하며 고민만 하지 말고 지금부터 시작하라는 것입니다. '아이고 내 나이에 어떻게….'라는 생각하지 마십시오. 우리 가운데 청년도 있고, 중년과 노년도 있지만, 우리 인생 중 가장 젊고 혈기왕성한 때는 바로 '지금'입니다.

새벽에 잠을 자다 가슴 통증으로 눈이 떠졌습니다. 시계를 보니 3시쯤 되었습니다. 팔이 아프면 주무를 수 있고, 머리가 아프면 머리에 띠라도 맬 수 있는데, 심장이 아프니 아무것도 할 수가 없었습니다. '이러다 그대로 갈 수 있겠다. 하나님 앞에 그냥 갈 수 있겠네.'라는 생각이 들었습니다. 그런데 어느 순간 자연스럽게 통증이 풀렸습니다.

> 나를 훈계하신 여호와를 송축할지라 밤마다 내 양심이 나를 교훈하도다(시 16:7)

그날 저녁에 떠오른 말씀입니다. 개역개정 번역본에는 '양심'이라 기록되어 있는데 개역한글 번역본 성경은 '내 심장'이라고 표현합니다. 영어 성경에는 'heart'라고 되어 있으니 심장이 더 맞는 번역인 것 같습니다. 깊은 밤, 시계 초침 소리가 찰칵찰칵 들릴 만큼 조용한 시간에 제 심장이 펄떡거리는 소리를 듣고 있으면 생각나게 하십니다. 하나님의 음성이 느껴지는 것입니다. 하나님은 밤마다 우리를 훈계하십니다. "너 인생 네 것이 아니야. 네 인생 길지 않아." 심장이 뛰고 싶다고 뛰는 것이 아닙니다. 우리가 제어할 수 없습니다. 멈출 때는 우리가 어떻게 할 수가 없는 것입니다. 우리 인생은 우리가 제어하는 것이 아니라, 하나님의 시간표 속에서 찰칵찰칵 돌아가는 것입니다. 모래시계의 떨어지는 모래를 보면 시간의 끝이 다가옴을 알 수 있습니다. 모래시계의 모래가 모두 떨어지기 전에, 더 늦기 전에 지금 시작해야 합니다. 어제보다 더 나은 인생으로, 더 좋은 믿음의 사람으로 오늘 시작하는 것입니다.

> 들어가 그들이 유하는 다락방으로 올라가니 베드로, 요한, 야고보, 안드레와 빌립, 도마와 바돌로매, 마태와 및 알패오의 아들 야고보, 셀롯인 시몬, 야고보의 아들 유다가 다 거기 있어 여자들과 예수의 어머니 마리아와 예수의 아우들과 더불어 마음을 같이하여 오로지 기도에 힘쓰더라 (행 1:13-14)

감람 산에서 제자들이 새로운 목표를 가지고 돌아왔습니다. 베드로, 요한, 야고보, 안드레와 가룟 유다를 빼고 몇몇이 모인 것 같습니다. 예수님의 어머니 마리아와 아우들 그리고 여자들이 마음을 모아

같이 기도합니다. 그들은 새로운 출발을 위해, 멋진 인생을 위해 기도에 힘썼습니다. 기도하는 것이 새로운 출발입니다. 새로운 인생의 출발은 오롯이 기도에 힘쓰는 데에서 시작됩니다. 기도가 우리 삶을 새로운 인생으로 끌고 갑니다. 우리가 기도하면 전능하신 하나님의 손이 움직이기 시작하고, 우리가 기도하면 하나님은 하늘 문을 여십니다. 어떤 인생도 기도를 시작하면 새로운 인생으로 나아가게 될 줄로 믿으시기 바랍니다. 기도는 예수님을 믿는 성도에게는 호흡과 같은 것입니다.

『서클 메이커_기도의 원을 그리는 사람』에 밥 베이글이라는 의료 선교사 이야기가 나옵니다. 밥 베이글은 오지 마을로 의료 선교를 떠납니다. 그들의 병을 고쳐줄 뿐만 아니라 한 영혼, 한 영혼에게 복음을 전합니다. 그렇게 예수님을 믿게 된 이들이 예배합니다. 오지 마을에는 예배당이 없으니 큰 나무 밑으로 모여 예배합니다. 풍성한 나무 잎사귀가 그늘을 만들어주니 감사함으로 예배드릴 수 있었습니다. 그런데 이 마을에는 한 무당이 있었습니다. 이 무당은 사람들이 예수님을 믿고 예배하는 것을 참을 수가 없었습니다. 그는 예배가 끝나고 성도들이 떠나면 그 나무 밑으로 와서 저주를 퍼부었습니다. 저주하며 칼을 던지고, 소금도 뿌리며 춤도 췄다고 합니다. 시간이 지나자 나무가 시들시들 말라 죽을 지경이 되었습니다. 베이글 선교사는 '무당이 하나님보다 세다.'라는 생각을 동네 사람들이 할 것 같았습니다. 영적 전쟁입니다. 베이글 선교사는 이를 가만히 두고 볼 수 없었습니다. "하나님, 이 나무를 살려주시옵소서." "하나님의 명예입니다. 하나님 살려주십시오." 베이글 선교사는 하나님의 영광을 위해, 하나님의 명예를 걸고 살려달라고 부르짖었습니다. "예수의 이름으로 명하노니 나무는 살아날지어다." 죽었던 나무가 잎을 내기 시작합니다. 계속 기도하니 나무는 온전히 살아나서 열매까지 맺습니다. 일 년에 한 번 맺는 것이 아니라 이후로 두 번씩 열매가 맺었다고 합니다. 하나님의 영광이 드러난 것입니다.

기도하면 죽어가던 나무도 살아납니다. 하나님은 죽은 나무만 살리는 것이 아닙니다. 죽어가는 우리 인생도 살릴 줄로 믿습니다. 우리가 기도할 수만 있다면, 오늘부터 기도 한다면, 하늘의 능력이 임할 것이고 하나님의 생기가 불어올 것입니다. 주의 은혜로 모든 것이 새로워지게 될 것입니다.

> 오직 성령이 너희에게 임하시면 너희가 권능을 받고 예루살렘과 온 유대와 사마리아와 땅 끝까지 이르러 내 증인이 되리라 하시니라 (행 1:8)

'오직 성령'이라고 말씀하십니다. 단호한 결심, 굳센 힘, 목숨까지 거는 결단으로는 가능하지 않습니다. 오직 성령의 권능을 받아야 합니다. 성령의 능력으로만 예루살렘과 온 유대와 사마리아와 땅끝까지 이르러 예수님의 증인이 될 수 있다고 말합니다.

  우리 인생은 소중합니다. 한 번뿐인 인생, 다시 되돌릴 수 없는 인생, 어떻게 살아야겠습니까? 기왕 예수님 믿는다고 고백했으니 지금부터 시작하십시오. 기도에 힘쓰면 새로운 인생이 시작됩니다. 멋진 인생을 시작하는 출발점에는 기도가 있습니다. 주의 영이 임할 때, 주의 생기가 임할 때, 죽은 나무는 살아나고 안 되는 모든 것들이 될 줄로 믿습니다. 오직 성령이 우리에게 임하시면 권능을 받습니다.

02

소망의 항구는 준비되어 있다

시 46:1-5

¹하나님은 우리의 피난처시요 힘이시니 환난 중에 만날 큰 도움이
　시라

²그러므로 땅이 변하든지 산이 흔들려 바다 가운데에 빠지든지

³바닷물이 솟아나고 뛰놀든지 그것이 넘침으로 산이 흔들릴지라
　도 우리는 두려워하지 아니하리로다 (셀라)

⁴한 시내가 있어 나뉘어 흘러 하나님의 성 곧 지존하신 이의 성소
　를 기쁘게 하도다

⁵하나님이 그 성 중에 계시매 성이 흔들리지 아니할 것이라 새벽
　에 하나님이 도우시리로다

　시간은 사물의 변화를 인식하기 위한 개념입니다. 시간을 묻는다는 것은 이전보다 얼마나 지났는지를 묻는 것입니다. 그래서 현대인에게 시간을 알 수 있는 시계는 필수입니다. 언제 누구를 만나고, 어떤 일을 해야 하는지, 사회에서 시간은 약속이기에 시계는 반드시 필요합니

다. 그런데 시계가 필요 없을 때가 있습니다. 시계의 가치가 무용지물이 될 때가 있습니다. 길을 잃어버렸을 때나 항해하는 항해자들이 망망한 바다에서 방향을 모를 때는 시간을 알려주는 시계보다는 방향을 알려주는 나침판이 필요합니다. 항해하는 배는 키가 있습니다. 이 키는 방향키입니다. 이것은 항해자들에게 정말 중요한 것입니다.

성도의 사업장에 개업 감사예배를 인도한 적이 있습니다. 그 사업장은 어려운 가운데서도 계속해서 사업을 확장하는 곳이었습니다. 불경기에 사업을 확장하는 것이 내심 제 마음에 염려가 되었습니다. 개업 감사예배를 드리기 위해 사업장을 방문하여 보니 하나의 그림이 눈에 띄었습니다. 바로 '항해자' 그림입니다. 올해 초 특별새벽기도회에 전 직원이 함께 예배하면서 기도할 때 주신 마음이라고 하였습니다. 이 사업장의 핸들은 주님께서 잡고 계신다는 마음으로 전문가에게 의뢰하여 제작하였다고 했습니다. 이 사업장의 방향을 정해 가실 분은 주님이라는 고백이었습니다. 내심 염려되었던 마음이 한결 가벼워졌습니다. 자신들의 의지와 힘으로 가지 않고, 주님께 맡기겠다는 결단을 하나님께서 기뻐 받으실 것을 믿고 축복하며 기도했습니다.

소망의 항구

코로나19로 마스크를 착용하고 살다 보니 나쁜 점도 있지만 좋은 점도 있습니다. 바로 감기 환자가 줄어들었다는 겁니다. 매년 가을이 되면 독감 예방주사를 맞는데 저도 올해는 예방주사 없이 감기에 걸리지 않았습니다. 감사한 일이지만 그럼에도 빨리 마스크는 벗고 싶습니다. 우리가 아프면 그것을 치료하는 약이 있습니다. 두통에는 두통약이 있고, 배탈에는 배탈약이 있습니다. 감기약도 있습니다. 우리 몸 구석구석 아플 때면 그에 맞는 약을 취하면 됩니다. 약국으로 심방을 간 적이 있습니다. 약국에 들어서니 약국 사방 바닥부터 천정까지 선반에 약들이 가득 차 있었습니다. 우리 몸 모든 부분에 필요한 약을 갖추다 보니 가득 차 있는 것입니다. 그런데 마음이 아플 때 먹는 약은 그곳에 없습니다. 서럽고 원통할 때, 원한이 쌓이고 억울할 때 먹는 약을 달라고 했더니 없다고 합니다.

약국에는 없지만, 마음이 아프고 인생이 불행하다 느껴질 때 치료하는 약이 있는 곳이 있습니다. 모든 고통의 처방 약, 인생의 불행 자체를 치유해주는 약은 바로 성경입니다. 성경에는 모든 인생의 처방약이 가득 차 있습니다.

> 나는 항상 소망을 품고 주를 더욱더욱 찬송하리이다 (시 71:14)

'나는 항상 소망을 품고.' 이 소망이 불행을 치유하는 가장 탁월한 약입니다. 사람의 불행을 치료할 방법이 어디에 있겠습니까? 어디에도 없습니다. 하지만 마음에 소망을 품으면, 희망을 품으면 그 불행은 치유될 수 있습니다. 불행을 치유할 수 있는 강력한 비방(秘方)은 소망입니다. 그래서 시편 기자는 '나는 항상 소망을 품고 산다.'라고 고백합니다. 사람들은 힘들고 고통스러운 상황이 되면 좌절하거나 절망에 빠집니다. 이는 되는 대로 사는 것입니다. 하지만 성도는 다릅니다. 아니 달라야 합니다. 세상 사람들은 낙담하며 포기하지만, 성도는 소망을 품고 더욱 주를 찬양하는 것입니다. 이것이 성도와 세상 사람과 큰 차이입니다. 마음에 무엇을 품고 있으십니까? 절망을 품고 억울함을 품고 있으면 아무것도 할 수 없습니다. 마음에 소망을 품으시기를 기도합니다.

새해가 되면 사람들은 신년 계획을 세우며 기대하고 설레합니다. 하지만 새해가 되었다고 무엇인가 특별하게 달라지는 것은 없습니다. 그저 새롭게 시작할 기회를 제공할 뿐입니다. 기회를 잡기 위해서는 전제되어야 할 것이 있습니다. 바로 마음에 소원이 있어야 합니다. 소망이 있어야 눈에 보이는 것입니다. 우리가 희망을 품어야 희망의 그림이 그려지고 잡을 수가 있습니다. 하나님은 우리에게 언제나 이 소망을 말씀하셨습니다. 여러분의 마음은 무엇을 품고 있습니까?

> 기브온에서 밤에 여호와께서 솔로몬의 꿈에 나타나시니라 하나님이 이르시되 내가 네게 무엇을 줄꼬 너는 구하라 (왕상 3:5)

하나님은 우리에게 주시기 전에 물어보십니다. 솔로몬이 일천 번 제를 드린 후 하나님께서 꿈에 나타나셨습니다. "무엇이든지 네가 원하는 것을 구하여라. 내가 들어 주겠다." 하나님은 전지전능하신 분이기에 사람의 마음을 다 알고 있습니다. 그럼에도 하나님은 솔로몬에게 물으셨습니다. 솔로몬에게 무엇이 필요한지, 무엇을 원하고 있는지 알고 계시지만 질문하신 것입니다.

예수님께서 여리고를 지나가시는데 앞을 못 보는 맹인 두 사람이 소리를 지릅니다. "주님, 저희를 불쌍히 여겨 주십시오! 다윗의 아들이시여!" 크게 외쳐 부르는 소리에 주변 사람들이 꾸짖으며 조용히 하라고 합니다. 그럼에도 간절하게 예수님을 부릅니다. 그러자 예수님은 가던 길을 멈추시고 그들에게 묻습니다.

> 예수께서 머물러 서서 그들을 불러 이르시되 너희에게 무엇을 하여 주기를 원하느냐(마 20:32)

앞을 보지 못하는 사람의 첫 번째 소원은 무엇보다 '보는 것'이 아니겠습니까? 예수님은 다 알고 계십니다. 그렇지만 "내가 네게 무엇을 하여 주기를 원하느냐?"라고 물어보셨습니다. 우리 마음에 소원이 있어야 구할 수 있고, 소원이 있어야 기회를 잡을 수 있습니다. 여러분은 마음에 무엇을 품고 있습니까? 사람의 마음속에 꿈이 있고 기대가 있으면 눈빛이 달라지고 얼굴 모습이 달라집니다. 우리가 꿈과 소원을 품고, 바람을 갖는 것, 희망을 품는 것은 정말 중요합니다. 소원의 크기만큼 열정이 일어나기 때문입니다.

대부분은 열정이 있어야 큰일을 이룰 수 있다고 생각합니다. 하지만 열정보다 먼저 갖춰야 하는 것은 소원을 품는 것입니다. 소원이 큰 사람은 큰 열정이 일어납니다. 소원의 크기만큼 열정이 일어나는 것입니다. 바람 앞에 촛불은 쉽게 꺼집니다. 조금만 바람이 불어도 촛불은 흔들리다 꺼져버립니다. 하지만 큰불은 바람이 불면 불수록 더 크게 확산이 됩니다. 우리의 꿈이 촛불처럼 작기에 흔들리다 쉽게 꺼져버립니다. 하지만 우리 가슴 속에 활화산 같고 장작더미 같은 소원을 품고 있으면 세상의 바람이 아무리 거세게 불어와도 더 번지고 퍼지는 그런 은혜가 있습니다. 소원의 크기만큼 열정이 일어납니다. 그래서 우리는 소원이 필요하고 열정이 필요합니다.

경상북도 청도에는 운문댐이 있습니다. 운문댐을 만들 당시 몇 개의 시골 마을이 물에 잠기게 되었습니다. 그곳에 살던 사람들은 자신의 마을이 곧 수몰된다는 발표를 듣게 되었습니다. 그러자 농네 사람들은 더 이상 집을 고치지도, 마을을 정화하지도 않습니다. 담벼락이 무너져도 보수하지 않고, 대문이 부서져도 그대로 삽니다. 길가에 낙엽이 지저분하게 날려도 그대로 내버려 둡니다. 왜 그럴까요? 다 잠길 곳이니 희망이 없기 때문입니다. 더 이상 투자할 이유가 없기 때문입니다. 사람들은 희망이 없는 곳에 관심을 두지 않고 투자도 하지 않습니다. 이것이 사람 심리입니다. 우리 인생도 그렇습니다. 자기 지신에 대해서 희망을 품지 않는 사람은 자기 인생을 관리하지 않습니다. 자신을 위해 투자도 하지 않고 그냥 버려둡니다. 하루하부 뇌는 대로 살아갑니다. 그래서 주님은 "내가 네게 무엇 하여 주기를 원하느냐?"라고 소원을 물으시는 것입니다.

> 그들이 평온함으로 말미암아 기뻐하는 중에 여호와께서 그들이 바라는 항구로 인도하시는도다(시 107:30)

그들 앞에는 폭풍우가 거세게 내리치고, 풍랑이 배를 요동치게 합니다. 그러나 하나님께서 폭풍우에 속삭이시고 풍랑을 잠재우십니다. 이제 바다의 파도가 잠잠해졌습니다. 하나님이 평안한 바다로 만들어주신 것입니다. 그리고 잔잔한 바다로 기뻐하는 중에 그들을 바라는 항구로 인도해가십니다. '바라는 항구.' 개역한글 성경은 '소원의 항구'라고 번역되어 있습니다. 즉 그들이 소망하며 가고자 했던 항구입니다. "내가 어디로 인도해 줄까?"라고 물어보시며 그들이 바라는 항구로 인도해 가십니다. 우리가 소원을 품어야 할 이유가 바로 이것입니다.

무엇이든지 원하는 대로

> 너희가 내 안에 거하고 내 말이 너희 안에 거하면 무엇이든지 원하는 대로 구하라 그리하면 이루리라 (요 15:7)

소원을 품어야 하는 이유가 이것입니다. 하나님은 무엇이든지 우리가 원하는 것을 주실 준비가 되어 있으십니다. 우리가 무엇을 원해도 준비되어 있다고 하십니다. 소원한 무엇이든 원하는 대로 구하면 주시겠다는 하나님이십니다. 그 하나님이 우리 아버지이시니 주저할 필요 없습니다. 소원을 품기만 하면 됩니다. 모든 것을 후히 주시고 아끼지 않으시는 하나님이 우리 아버지이심을 믿으시기 바랍니다. 이제 우리는 소원을 품기만 하면 됩니다.

텍사스는 미국 본토에서 가장 넓은 주입니다. 산도 보이지 않고 끝없이 광활합니다. 그곳에는 많은 양의 석유가 매장되어 있습니다. 옛날 텍사스에 가난한 한 농부가 있었습니다. 그 농부의 집 앞마당에 시커먼 물이 자꾸 올라왔습니다. 맑고 깨끗한 물이 솟아야 거친 그곳에서 농사를 지을 수 있는데, 냄새나는 검은 물만 올라오는 것입니다. 농부는 힘들게 농사를 지으며 생계를 유지하는 것에 최선을 다했지만 결국 가난하게 생을 마쳤습니다. 이후 마당에서 올라오는 검은 물을 조사하게 되었고 이것이 석유라는 것이 밝혀졌습니다. 농부는 자기 집 앞마당에 값나가는 석유가 있는지도 모르고 가난하게 살다 죽은 것입니다. 그는 이미 가지고 있었지만 누리지는 못하였습니다.

주님은 성도들에게 '내 안에 거하여 무엇이든지 원하는 대로 구하라.'고 하셨습니다. 우리는 이미 모든 것을 소유하고 있는데 몰라서 누리지 못하고 있는 것은 아닐까요? 우리가 바라고 소원하며 희망하는 모든 것을 주님은 이미 가지고 계시며, 우리에게 주시기 위해 예비하고 계십니다. 그렇다면 이를 누리지 못하는 이유는 무엇입니까? 우리가 그것이 어디에 있는지 모른다는 것입니다. 집 앞마당에 있는지, 뒷마당에 있는지, 어디 있는지 모르는 것이 문제입니다. 그래서 우리는 이를 볼 수 있는 안목이 필요합니다. 요즘은 의료기술이 발달하여 시술로도 시력을 회복할 수 있습니다. 하지만 시력으로 보지 못하는 것이 있습니다. 남들이 보지 못하는 것을 볼 수 있는 믿음의 안목입니다. 믿음의 안목이 없으면 하나님이 주신 것이 눈앞에 펼쳐져도 보지 못합니다. 어디 있는지 모릅니다. 믿음의 눈이 뜨이시길 소망합니다.

두려움을 이기고

우리가 바라고 소원하는 것들이 어디 있는지 알고 있지만, 보지 못하고 가지지 못하는 또 다른 이유는 '두려움' 때문입니다. 두려움 때문에 주저하고, 두려움 때문에 포기합니다. 인생이라는 바다에는 반드시 두려움이 찾아옵니다. 두려움 없는 일은 없습니다. 그리고 정말 중요하고 우리 인생에 반드시 필요한 것은 두려움 너머에 있습니다. 귀한 것일수록 큰 두려움이 우리를 막고 있습니다. 두려움을 극복해야 얻을 수 있게 되어 있습니다. 사람들은 열심히 공부하고, 열심히 노력하면 무엇이든 이룰 수 있다고 생각합니다. 정말 많은 일은 열심히 노력하면 성취할 수 있습니다. 하지만 그 방법을 알면서도 하지 못합니다. "이러다가 내가 망하면 어떡하지? 잘못되면 어떡하지?" 두려움을 넘어서지 못하는 것입니다.

바다에 나가 싸워보지도 못하고 두려움 속에 사는 사람들이 너무나 많습니다. 우리는 꼭 기억해야 합니다. 우리가 바라고 소원하는 것, 우리가 원하는 것들은 두려움을 극복해야 쟁취할 수 있습니다. 만약 우리가 이 두려움을 용기로 바꿀 수만 있다면 우리는 무엇이든지 할 수 있습니다. 하지만 두려움이 우리를 엄습하여 희망이 점점 작아집니다. 두려움으로 제대로 보지 못합니다. 두려움이 문제를 더욱 큰 상황처럼 보이게 합니다. 두려움으로 인한 그림자에 놀라 마음속 품은 소원을 내버립니다.

이순신 장군은 13척의 배로 133척 왜군과 싸워야만 했습니다. 기가 막힌 상황에 병졸들은 싸워보지도 못하고 겁을 내며 도망치려 했습니다. 적군에 비해 적은 함선이 문제가 아니라 두려움이 더 큰 문제가 된 것입니다. 두려움으로 싸워보지도 않고 이미 진 상황이 되어버렸습니다. 이순신 장군은 독버섯처럼 퍼진 두려움을 용기로 바꿀 수만 있다면, 그 용기가 백 배, 천 배로 나타나 승리할 것이라고 믿었습니다. 이순신 장군은 이 두려움의 싹을 끊어야만 했습니다. "살고자 하는 자는 죽고, 죽고자 하는 자는 산다." 이순신 장군은 배수진을 칩니다. 목숨을 건 배수진을 치고 나아갑니다. 세상 사람이 두려움을 이기는 방법은 목숨을 거는 것입니다. 그런데 성경은 두려움을 용기로 바꿔주는 기가 막힌 도구가 우리에게 이미 주어졌다고 말합니다.

> 하나님은 우리의 피난처시요 힘이시니 환난 중에 만날 큰 도움이시라(시 46:1)

여기서 말하는 환난은 꼼짝달싹 못 하는 상황을 말합니다. 어려움으로 손끝 하나 움직이기 힘든 상황입니다. 이루 말할 수 없는 고통에 둘러싸여 있는 것입니다. 이 환난 가운데 있는 성도에게 큰 도움이 찾아옵니다. 바로 우리 하나님이십니다. 하나님은 우리의 피난처가 되시며 힘이 되어주셔서 그 환난을 이기게 하십니다. 환난 가운데 두려움에 떨던 우리에게 손을 내미시며 일어나라 말씀하시고, 피난처로 인도하시는 것입니다.

> 그러므로 땅이 변하든지 산이 흔들려 바다 가운데에 빠지든지 바닷물이 솟아나고 뛰놀든지 그것이 넘침으로 산이 흔들릴지라도 우리는 두려워하지 아니하리로다(셀라)(시 46:2-3)

환난의 상황은 땅이 흔들리고, 산들이 바닷속으로 무너져 내리는 상황입니다. 바닷물이 넘실거리고, 파도가 요동치며, 사나운 바다에 산들이 흔들리는 상황입니다. 그런데 시편 저자는 두려워하지 않을 것이라고 찬양합니다. 바로 피난처 되시는 하나님을 믿기 때문입니다. 믿음이 두려움을 이깁니다. 온 세상이 뒤집히고, 사람들이 변하여 공격하여도 두려워하지 않을 것은 하나님이 우리의 힘이시라는 겁니다. 하나님을 믿는 믿음이 두려움을 완전히 이겨냅니다. 이것이 하나님이 우리에게 주신 비밀 무기입니다.

두 가지 믿음

믿음은 이론적인 믿음과 경험으로 아는 믿음이 있습니다. 이론적인 믿음은 머리로만 아는 믿음입니다. 이것은 교리적인 믿음이라고 합니다. 경험으로 아는 믿음은 하나님의 인도하심을 경험한 믿음입니다. 성도는 이론적인 믿음도 필요하고 경험으로 아는 믿음도 필요합니다. 그런데 환난이 오면 이론적인 믿음만 가지고 있으면 위험합니다. 잔잔한 파도에는 큰 문제 없이 살아갑니다. 그런데 환난이 오고 바닷물이 흉흉하고 산이 흔들리고 바다에 빠지는 어려움이 올 때는 이론적인 믿음은 어느새 무너지고 맙니다. 믿어지지 않고 바닥나 버립니다. 그때는 경험으로 하나님을 믿는 믿음이 있어야 합니다. 경험했던 믿음을 떠올리고 되새기며 하나님의 도우심을 간청해야 합니다. 이론적인 믿음에서 성장하여 이제는 경험적인 하나님을 믿어야 합니다.

시편 46장의 저자 고라 자손들은 인생 가운데 하나님의 인도하심을 자주 경험한 것 같습니다. 그러니 "하나님은 우리의 피난처다. 하나님은 우리의 힘이다. 환난 중에 큰 도움이야. 그래서 산이 흔들리고 바다에 빠져도 나는 두려워하지 않을 것이다. 하나님은 우리가 만날 큰 도움이다."라고 고백할 수 있었던 것 같습니다.

> 하나님이 그 성 중에 계시매 성이 흔들리지 아니할 것이라 새벽에 하나님이 도우시리로다 (시 46:5)

어떻게 하면 하나님을 경험할 수 있을까요? 5절의 핵심은 '새벽'입니다. 하나님이 그 성안에 계시므로 그 성이 흔들리지 않는데, 이는 하나님이 새벽부터 그 성을 도우시기 때문입니다. 하나님은 언제 역사하실까요? 평소에도 하나님은 우리를 도와주십니다. 그런데 진짜 하나님의 큰 손이, 전능하심의 손이 나타났을 때는 새벽이라는 것입니다. 이스라엘 백성이 애굽에서 나올 때 홍해가 갈라지는 시간도 새벽이었습니다. 하나님 큰 능력의 손이 새벽에 나타난 것입니다. 하늘의 만나가 비 오듯 쏟아지는 시간도 새벽이었습니다. 여리고 성이 무너진 시간도 새벽이었고, 예수님이 죽으시고 부활하시던 시간도 새벽입니다. 하나님은 언제나 새벽에 역사하셨습니다. 그래서 예수님도 새벽 미명에 기도하시지 않았습니까!

　하나님을 이론적으로 경험하려면 성경을 공부하면 됩니다. 그러나 성경을 공부한다 하여 하나님을 경험할 수는 없습니다. 말 그대로 이론입니다. 우리 삶에서 하나님을 경험하고 말씀이 역사 되기 위해서는 기도해야 합니다. 새벽에 일어나야 합니다. 새벽에 역사하시는 하나님의 손을 만나야 합니다. 그래야 "하나님이 진짜 그런 분이구나! 나와 함께 계시는 분이구나!"라고 경험할 수 있습니다.

　기도하지 않고는 목회를 할 수 없습니다. 그래서 목회 여정은 기도 여정입니다. 진짜 어렵고 힘든 일에는 금식하며 기도했습니다. 젊은 시절 금식하며 기도할 때였습니다. 힘이 없으니 자꾸 누워 있게 됩니다. 기도해야 하는데 누워 있게 되니 이러면 안 될 것 같아 강가로 산책하러 나갔습니다. 그런데 그만 강물을 보다 자갈밭에 잠들고 말았습니다. 사람이 3일을 굶으면 담을 넘는다는 말이 있습니다. 본성이 나온다는 뜻입니다. 세상 사람들은 3일을 굶으면 윤리도, 도덕도 무너지고 남의 집 곳간을 넘습니다. 하지만 하나님 앞에 금식하면 힘이 없어 자갈밭에 잠들지언정 기쁘고 감사가 넘칩니다. 왜냐하면 하나님을 경험했기 때문입니다.

　　　지금까지는 너희가 내 이름으로 아무 것도 구하지 아니하였으나
　　　구하라 그리하면 받으리니 너희 기쁨이 충만하리(요 16:24)

'지금까지는 너희가 내 이름으로 아무 것도 구하지 아니하였으나.' 기도하러 오지 않는 사람들에게 한 말씀일 수도 있습니다. 주님은 구하면 받을 것이고, 우리 안에 기쁨을 가득 채워 주실 것이라고 말씀하십니다. 우리가 기뻐할 수 있는 이유는 하나님이 우리의 필요를 채워 주심도 있지만, 무엇보다 기쁨을 주시기 때문입니다. 이 기쁨은 세상이 줄 수 없는 평안입니다. 하늘에서 내려오는 기쁨을 주님이 주신다는 말입니다. 그래서 기도를 통해서 우리는 하나님을 경험하게 되고, 믿음이 성장하여 어떤 두려움도 넘어설 수 있습니다.

우리 일생 다 지나고 주의 품에 편히 쉴 때

나의 영혼 자유함을 얻겠네

괴로운 짐 모두 벗고 주와 함께 살리로다

너와 날 위해 황금 종 울린다 (찬송가 237장)

우리는 항해자입니다. 순간마다 때마다 큰 파도를 만나게 될 것입니다. 우리 영혼이 녹아내리는 때도 있을 것입니다. 그러나 바닷물이 흉흉하게 뛰놀든지 산이 흔들려 바다에 빠지든지 상관없이 그 모든 두려움을 이길 수 있는 강력한 비밀 병기가 있습니다. 하나님을 경험하는 기도입니다. 우리가 하나님을 경험하고, 믿고 기도하면 어떤 상황 속에서도 두려워하지 않습니다. 이기게 될 줄로 믿기 때문입니다. 그리고 하나님은 마침내 우리를 안전한 소망의 항구로 인도해 주실 것입니다. 우리 인생의 항해를 모두 끝내고 나면, 영원한 천국에 도달하게 될 것입니다. 그 항구가 준비되어 있습니다.

> 또 그가 수정 같이 맑은 생명수의 강을 내게 보이니 하나님과 및 어린 양의 보좌로부터 나와서 길 가운데로 흐르더라 강 좌우에 생명나무가 있어 열두 가지 열매를 맺되 달마다 그 열매를 맺고 그 나무 잎사귀들은 만국을 치료하기 위하여 있더라(계 22:1-2)

우리를 위해 예비하신 영원한 주의 나라의 모습입니다. 그곳은 수정같이 맑은 생명수가 흐릅니다. 우리는 일 년에 열두 번, 달마다 새로운 생명나무 열매를 먹을 것이며, 또 그 잎은 모든 사람을 치료하는 데 사용될 것입니다. 우리 하나님은 우리를 너무나 잘 알고 계십니다. 우리가 쉽게 싫증 내니까 달마다 새로운 열매를 주십니다. 이곳이 바로 천국입니다. 늘 만족하는 생명수 강가에 영원무궁토록 살아갈 소망의 항구가 우리 앞에 준비되어 있습니다. 그러니 아무것도 두려워할 것이 없습니다.

그렇지만 아직도 이 땅에 머무는 것으로 인해 두려워하는 성도들이 있습니다. 하나님께서는 건너편 천국에 갈 때까지 우리에게 알아서 살라고 하시지 않았습니다. 이 땅에서도 안전한 항구를 준비해 놓고 기다리고 계십니다. 소망의 항구, 영원한 항구는 천국이지만, 이 땅에도 안전한 항구를 준비해 놓으셨습니다. 그 항구는 바로 교회입니다. 긴 항해를 마친 사람들은 부두에 도착하여 짐을 내리고 쉼을 취합니다. 안식을 가지며 힘을 얻고 다시 나갈 항해를 준비합니다. 물과 음료, 음식을 공급받고 기름을 주유하면서 전열을 가다듬고 바다로 나갈 준비를 하는 것입니다. 시간이 지나면 먼 바다로 나가겠지만 또다시 항구로 들어와 쉼을 가집니다. 계속 그렇게 연습하다 마지막에는 영원한 천국에 가는 것입니다.

주일이 다가왔는데 세상의 바다에 멈춰 거기에 머물러 있으면 곧 표류하게 될 것입니다. 우리는 세상 속에서 항해하고 있지만, 주님의 날이 되면 우리의 영원한 피난처인 소망의 항구로 들어가야 합니다. 그리고 마음의 위로를 받고, 새 힘을 공급받아서 다시 주님의 이름으로 출항해야 합니다. 교회로 정박하여 쉼을 얻고 힘을 받아 세상으로 출항하여 맡겨진 일을 하는 것입니다.

> 수고하고 무거운 짐 진 자들아 다 내게로 오라 내가 너희를 쉬게 하리라(마 11:28)

우리에게는 소망의 항구가 있습니다. 영원한 천국뿐만 아니라 이 땅에도 교회를 준비해 두셨습니다. 우리 예수님은 항해로 인해 지치고 답답한 사람들을 초청하십니다. 삶의 여정 속에서 큰 파도를 만나 영혼이 녹아내릴 것 같이 힘든 우리를 부르시고 쉬게 하십니다. 우리 주님의 간절한 마음은 우리가 소망의 항구로 나오는 것입니다. 그리고 하나님의 은혜를 공급받길 바라십니다. 주님의 넓은 품 안에서 마음껏 쉬고 힘을 공급받고 또 나가서 파도와 싸우는 것이 얼마나 복된 일입니까! 소망의 항구는 준비되어 있습니다. 힘을 내시기를 축복합니다.

03

기도한다,
그러므로 나는 꿈꾼다

왕상 18:41-46

41 엘리야가 아합에게 이르되 올라가서 먹고 마시소서 큰 비 소리가 있나이다

42 아합이 먹고 마시러 올라가니라 엘리야가 갈멜 산 꼭대기로 올라가서 땅에 꿇어 엎드려 그의 얼굴을 무릎 사이에 넣고

43 그의 사환에게 이르되 올라가 바다쪽을 바라보라 그가 올라가 바라보고 말하되 아무것도 없나이다 이르되 일곱 번까지 다시 가라

44 일곱 번째 이르러서는 그가 말하되 바다에서 사람의 손 만한 작은 구름이 일어나나이다 이르되 올라가 아합에게 말하기를 비에 막히지 아니하도록 마차를 갖추고 내려가소서 하라 하니라

45 조금 후에 구름과 바람이 일어나서 하늘이 캄캄해지며 큰 비가 내리는지라 아합이 마차를 타고 이스르엘로 가니

46 여호와의 능력이 엘리야에게 임하매 그가 허리를 동이고 이스르엘로 들어가는 곳까지 아합 앞에서 달려갔더라

사람들은 이 세상의 모든 문제는 돈의 문제라고 생각합니다. 무엇이든지 돈으로 해결할 수 있다고 생각합니다. 하지만 정말로 돈으로 모든 문제를 해결할 수 있을까요? 돈이 없으면 아무것도 할 수 없는 것일까요? 돈이 없어서 꿈을 꿀 수 없을까요? 험한 길을 걸어갈 때는 돈보다 지팡이가 필요합니다. 돈은 휴짓조각에 불과합니다. 가파른 산을 오를 때 정말로 필요한 것은 밧줄입니다. 어둡고 험한 길을 걸을 때는 어둠을 밝혀줄 등불이 더 필요합니다. 이 시대 사람들에게 정말 필요한 것은 무엇일까요?

2020년 전 세계가 두려움과 공포로 물들었습니다. 이전까지 없던 코로나19 바이러스가 세계를 점령해버렸습니다. 치료제가 언제쯤 나올지 알 수 없고 무서운 속도로 전파되는 바이러스로 인해 세계 곳곳이 팬데믹 상황이 되어버렸습니다. 우리나라 국민 중 65%가 코로나블루, 우울한 감정에 눌려 있다고 합니다. 정말로 답답한 것은 이 코로나19가 언제쯤 끝날지 알 수 없다는 것입니다. 누군가가 어느 때가 되면 종결되리라 전망해주고 예측을 해준다면 견딜 수 있을 것입니다. 하지만 누구도 예측할 수 없고 전망조차 할 수 없기에 미래는 불안과 두려움으로 가득합니다. 처음 코로나19 바이러스가 퍼졌을 때만 해도, 봄이 되고 여름이 오면 끝날 것으로 생각했습니다. 그런데 가을이 가고 겨울이 오고 또다시 봄, 여름, 가을, 겨울이 지나갑니다. 누구도 예측할 수 없고 전망이 안 되는 그런 상황입니다.

대부분은 예측되지 않는 상황에 포기합니다. "에이, 될 대로 돼라." 낙담하며 포기합니다. 많은 사람이 낙담하며 포기하는 상황이기에 더욱 필요한 것이 있습니다. 바로 '희망'입니다. 꿈을 꾸고 희망하는 것이 필요합니다. 예측된다면 희망할 이유가 없습니다. 전망이 가능하다면 꿈꿀 이유도 없지요. 그런데 아무도 예측할 수 없는, 너무나 막막하고 깜깜한 상황이기에 더욱 필요한 것이 꿈과 희망입니다. 사람은 사실 꿈을 먹고 사는 존재입니다. 동물은 먹이만 있으면 됩니다. 오로지 먹이만 있으면 동물은 만족하며 삽니다. 그런데 사람은 먹이로만 살 수 없습니다. 꿈과 희망이 있어야 합니다. 가슴 속에 꿈과 희망을 품고 살아가는 존재가 사람입니다.

꿈을 잃어버린 사람

절망하고 낙담하여 쓰러져 있는 사람에게 진수성찬을 차려 주고 명품 옷을 걸쳐 준다고 일어날 수 없습니다. 절망과 낙담에 꿈과 희망의 씨앗을 심어야 합니다. 절망하고 쓰러진 사람에게 꿈과 희망을 주면 그 절망의 자리에서 일어날 용기가 생깁니다. 메마른 이 시대에 무엇보다 필요한 것은 바로 꿈이요 희망입니다. 사람들은 누구나 이 땅에 태어나 살면서 한 번쯤은 꿈을 꿉니다. 꿈을 꾸고 학교에 가고, 꿈을 꾸고 직장도 가며, 어떤 이는 더 큰 꿈을 안고 유학도 가는 등 사람은 모두 꿈을 품습니다. 그런데 이 꿈들이 점점 사라지거나 잃어버리거나 혹은 포기해야 하는 상황이 됩니다. 아이들에게 꿈이 무엇인지 물어보면 어릴수록 그 꿈이 큽니다. "장군이 될 거예요. 대통령이 될 거예요." 그래서 대통령 후보가 얼마나 많은지 모르겠습니다. 그런데 아이들이 중학생이 되고 고등학생이 되면서 점점 그 꿈이 줄어들고 나중에는 없어집니다. 꿈이 무엇이냐고 물었는데 꿈이 없다고 대답합니다. 되는 대로 상황에 맞게 살겠다고 이야기합니다. 만약 당신이 꿈이 없다면 당신은 지금 살아있지만 죽어가고 있는 존재입니다.

꿈이 없고 희망이 없다는 것은 중병을 앓고 있다는 뜻입니다. 사람은 꿈꾸는 존재이기 때문에 꿈과 희망이 사라지면, 숨을 쉬며 살아있는 듯하지만 죽어가고 있는 것입니다. 우리는 왜 꿈을 버렸을까요? 왜 꿈이 사라졌을까요? 전문가들은 현실의 벽에 갇혀 있기에 그렇다고 합니다. 현실이라는 벽이 우리를 둘러싸고 '안된다'며 '틀렸다'라고 압박하는 것이죠. 현실의 무게 앞에 우리는 낙담하며 꿈을 포기합니다. 그 상황에 자기 자신을 가두어 버립니다.

아합은 이스라엘 백성이 하나님을 버리고 우상을 섬기도록 이끈 이스라엘의 가장 악한 왕입니다. 아합의 폭정에 맞서 엘리야가 일어나 말합니다.

> 길르앗에 우거하는 자 중에 디셉 사람 엘리야가 아합에게 말하되 내가 섬기는 이스라엘의 하나님 여호와께서 살아 계심을 두고 맹세하노니 내 말이 없으면 수 년 동안 비도 이슬도 있지 아니하리라

하니라(왕상 17:1)

　여호와의 살아 계심을 두고 자신이 다시 명령하기까지 앞으로 몇 년 동안 비는커녕 이슬도 내리지 않을 것이라고 경고합니다. 사람들은 엘리야의 말을 듣지만 '아니 설마 비도 안 오고, 이슬도 내리지 않겠어?'라고 생각합니다. 3개월이 흘렀습니다. 정말 땅에 이슬도 맺히지 않고 비도 오지 않습니다. 그렇게 1년이 흐르고, 2년이 지났음에도 비 한 방울 내리지 않습니다. 점점 사람들의 마음속에 희망이 사라집니다. 비에 대한 희망이 사라진 것입니다. 3년이 지나자 이제는 어느 한 사람도 희망하지 않는, 포기해버린 절망이 됩니다. 모두가 한 번쯤은 꿈을 가졌지만, 점점 그 꿈이 사라지는 것입니다. 현실의 벽에 갇혀 상황에 무릎을 꿇어 버립니다. 사람들이 꿈을 잃어버리는 이유 중의 하나는 목표를 잃어버렸기 때문입니다. 꿈을 접고 자기도 모르게 좌절하는 이유가 바로 목표가 없어졌기 때문입니다. 그러면 주저앉게 됩니다.

　세계의 오지를 탐험하는 여행가가 쓴 책이 있습니다. 아주 황량한 사막을 횡단하는 대회가 있답니다. 전 세계의 사람들이 몰려와서 사막을 횡단합니다. 메마른 사막, 모래바람이 불면 앞이 전혀 보이지 않는 사막을 횡단하기란 무척 힘들고 고통스러운 일입니다. 모래바람을 겪을수록 탈진하게 됩니다. 그리고 점점 포기하는 사람들이 늘어나게 되는 것이죠. 한계 상황에 좌절하다 포기하는 것입니다. 여행가는 자신도 이처럼 포기하고 싶었던 적이 많다고 말합니다. 하지만 벗어날 방법이 있습니다. 여행가는 정말로 그만두고 싶은 생각이 가득할 때, 자기 자신에게 목표를 준다고 합니다. 아주 원대한 목표를 세우는 것이 아니라 지금 당장 실천할 수 있는 작은 걸음의 목표를 세우는 것입니다. "1km를 간 후에 내가 물을 마실 거야." 이렇게 1km라는 목표를 정하면 몸에서 그 거리만큼 갈 만한 힘이 생긴다고 합니다. 그래서 1km를 가서 물을 마시고, 잠시 쉼을 취한 후, 다시금 1km의 목표를 세우는 것이죠. 그렇게 1km씩 걷다 보면 어느새 메마른 사막의 끝에 도착하게 됩니다. 100km를 횡단해야 하는 대회에서 처음부터 100km를 완주할 생각을 하면 금방 주저앉게 됩니다. 하지만 그것을 나누어서 1km씩 100번을 생각하면 100번의 목표를 성취한 힘이 여행자를 결승선으로 이끕니다.

목표는 이정표와 같습니다. 이정표를 따라가면 또 다른 이정표가 나오고 그 걸음을 따르다 보면 완주할 수 있게 됩니다. '저곳에 가면 좋은 것이 있을 거야.' 하며 목표를 세우면 그곳까지 갈 힘이 생기고, 용기가 생기는 것입니다. 우리가 주저앉는 이유는 이 목표를 잃어버렸기 때문입니다. 현실의 벽이 너무 높다고 생각하여 목표를 세우는 것이 어불성설이라고 느끼기 때문입니다.

또한 중요한 것은 목표는 기다리면 도달할 수 있는 것이 아닙니다. 예를 들어 공부 못하는 아이도 10년만 버티면 중학교를 졸업합니다. 또다시 3년을 버티면 고등학교를 졸업할 수 있습니다. 중학교 졸업, 고등학교 졸업처럼 그냥 버텨서 이루어지는 것은 목표가 아닙니다. 어영부영 세월만 허비한 것이죠. 어른이 되는 것도 마찬가지입니다. 시간이 흘러 사십 세가 되고, 오십 세가 되고 점점 노인이 됩니다. 나이 드는 것은 노력하지 않아도, 오히려 붙잡고 싶어도 정직하게 흐릅니다. 나이 드는 것이 목표가 될 수 없다는 말입니다. 목표는 나름대로 꿈과 희망을 품고 정해야 합니다.

꿈을 향해 내가 애쓰고 가야 하는 것이 목표입니다. 비록 상황이 어렵고 주위를 둘러싸고 있는 것들이 우리를 옥죈다고 할지라도, 오늘 우리는 하나님의 살아계심을 두고 꿈을 꿀 수 있습니다. 가슴 속에 꿈과 희망을 품으시길 소망합니다. 그렇게 목표를 세우며 나아가면 되는 것입니다. 사람들은 환경을 탓하고 자신이 가지지 못한 것들의 이유를 들어 포기합니다. 하지만 살아계신 하나님이 우리와 함께 하고 있는데 꿈을 포기하는 것은 옳지 않습니다.

기도의 끈을 부여잡고

그런데 진짜 포기하게 되는 경우가 있습니다. 이는 우리가 반드시 해야 할 무엇인가를 중단할 때, 그 자체로 포기하게 되는 것입니다.

> 아합이 먹고 마시러 올라가니라 엘리야가 갈멜 산 꼭대기로 올라가서 땅에 꿇어 엎드려 그의 얼굴을 무릎 사이에 넣고 그의 사환에

게 이르되 올라가 바다쪽을 바라보라 그가 올라가 바라보고 말하되 아무것도 없나이다 이르되 일곱 번까지 다시 가라(왕상 18:42-43)

아합 왕이 갈멜 산에 올라가 먹고 마십니다. 엘리야도 갈멜 산에 오릅니다. 하지만 그는 기도하였습니다. 갈멜 산 꼭대기에 올라 땅에 엎드립니다. 그리고는 몸을 굽혀 얼굴을 무릎 사이에 파묻습니다. 엎드려서 자신의 무릎 사이에 머리를 넣을 수 있다는 것은 굉장한 기도의 사람이라는 것을 보여줍니다. 평소에도 엄청난 기도를 한 사람입니다. 현대인들에게 엘리야와 같은 자세는 쉽게 볼 수 없는 모습입니다. 먹방의 문화가 사회 전반에 깔린 현대인들은 엘리야처럼 기도할 수 없습니다. 배부르게 먹는 것에 관심이 많은 현대인들은 자신의 배를 숙이기조차 쉽지 않습니다. 그런데 엘리야는 지금 자신의 머리를 무릎 사이에 넣고 아주 간절하게 비를 내려달라고 기도하고 있는 것입니다.

그리고 사환에게 바다 쪽을 살펴보라고 말합니다. 사환이 가서 살펴본 후, 아무것도 보이지 않는다고 말합니다. 엘리야는 사환에게 다시 올라가 살펴보라고 말합니다. 그 사환이 갔다 오더니 이번에도 "아무것도 보이지 않습니다."라고 말합니다. 아무리 하나님의 약속이라도 구름의 기미조차 보이지 않기에 엘리야는 포기할 수도 있었습니다. 엘리야가 '아, 그렇구나! 뭐 기도해도 소용이 없군.' 하며 기도를 멈췄다고 생각해 보십시오. 그러면 큰 비는 없습니다. 엘리야는 사환에게 '일곱 번까지' 가라고 합니다. 히브리인들에게 일곱이라는 숫자는 완전수입니다. 일곱 번을 확인하라는 것은 하나님께서 반드시 약속을 이루실 것이라는 믿음을 가지고 끝까지 기다리라는 의미입니다. 그리고 일곱 번의 확인 뒤에 비의 징조가 사환에 의해서 발견된 것은 우연한 자연 현상의 결과가 아니라 하나님의 약속이 성취됨을 보여줍니다.

기도를 중단하면 꿈을 포기하는 것입니다. 많은 사람이 기도하다 응답이 되지 않는다고 중단합니다. 그러니 그 꿈에 대해서는 이미 포기가 된 것이죠. 우리 가운데 이미 포기한 꿈들이 있습니까? 우리가 때로는 멈출 수도 있고, 때로는 주저앉을 수도 있지만, 기도를 멈추는 순간 모든 것을 포기하게 되는 것임을 명심하십시오.

앗수르 왕 산헤립이 유대 예루살렘을 포위합니다. 너무나 놀란 히스기야는 사신을 보내어 모두 바치겠다고 합니다. 산헤립은 히스기야에게 은 삼백 달란트와 금 삼십 달란트를 요구합니다. 히스기야는 여호와의 성전과 왕궁 보물 창고에 있는 모든 은을 산헤립에게 줍니다. 그뿐만 아니라 성전 문과 기둥에 입혀 놓은 금을 벗겨 앗수르에게 바칩니다. 예루살렘을 포기한 것입니다.

하지만 산헤립의 마음을 돌리려 은과 금을 갖다 바쳐도 해결되지 않았습니다. 돈으로 평화를 살 수 없습니다. 자신이 힘을 갖추지 않으면 돈을 퍼준다 하여도 이겨낼 수 없습니다. 앗수르 왕 산헤립은 예루살렘을 포위하고 랍사게를 보내어 하나님을 조롱하기까지 합니다. 이제 히스기야는 자신의 옷을 찢고 굵은 베를 두르고 여호와의 성전으로 올라갑니다. 히스기야는 기도합니다. 두려움과 공포로 정신이 하나도 없지만, 협박편지를 하나님 앞에 펼쳐놓고 간절히 기도합니다.

> 여호와여 귀를 기울여 들으소서 여호와여 눈을 떠서 보시옵소서 산헤립이 살아 계신 하나님을 비방하러 보낸 말을 들으시옵소서
> (왕하 19:16)

하나님은 히스기야의 기도를 들으시고 아모스의 아들 이사야를 보내주십니다.

> 아모스의 아들 이사야가 히스기야에게 보내 이르되 이스라엘 하나님 여호와의 말씀이 네가 앗수르 왕 산헤립 때문에 내게 기도하는 것을 내가 들었노라 하셨나이다 (왕하 19:20)

하나님께서 이사야를 통해 히스기야에게 말씀하십니다. "내가 들었다. 그 편지를 내가 보았고, 내가 다 들었다." 그리고 그날 밤에 여호와의 천사가 앗수르의 진으로 가서 군대 십팔만 오천 명을 죽입니다. 백성이 이튿날 아침 일찍 일어나 보니, 그들이 모두 죽어 있었습

니다. 기도하면 협박편지도 희망의 편지로 바꿀 수 있습니다. 살고 죽는 것은 하나님의 손에 달려 있기 때문입니다.

기도는 하나님께 희망을 거는 것입니다. 하나님의 손에 오롯이 맡기는 것입니다. 우리의 소망은 하나님이십니다. 그래서 그분에게 기도하는 것이지요. 우리가 기도하면 절망의 편지도 희망의 편지로 바뀌게 될 것입니다. 그렇기에 기도의 끈을 놓치면 안 됩니다. 기도하기를 멈추는 것은 꿈을 포기하는 것이며, 또한 기도하기를 멈추는 것은 절망입니다. 만약 히스기야가 기도하는 것을 멈추고 협박편지에 사로잡혔다면 남유다는 더 일찍 멸망하고 말았을 것입니다. 기도하다 멈춘 것이 있다면 다시 기도하시기 바랍니다. 우리는 원래부터 꿈을 꾸던 사람들입니다. 꿈과 희망을 품었던 존재입니다. 그런데 상황이 녹록하지 못해서 청운의 꿈을 저버린 것은 아닙니까? 마음속에 푸르고 푸른 꿈을 다시 디자인하시기 바랍니다.

꿈을 디자인하라

우리가 다시 꿈을 품고 디자인하기 위해서는 꿈의 근거가 있어야 합니다. 막연한 꿈이 아니고 상상도 아니며 망상도 아니기 위해서는 꿈의 근거를 온전하게 두어야 합니다.

> 많은 날이 지나고 제삼년에 여호와의 말씀이 엘리야에게 임하여

> 이르시되 너는 가서 아합에게 보이라 내가 비를 지면에 내리리라
> (왕상 18:1)

하나님은 엘리야에게 비를 내릴 것이라고 약속하셨습니다. 엘리야는 그 약속의 말씀을 받았기에 큰 비가 있을 것이라고 소리칠 수 있었고, 또 그것을 믿고 기도할 수 있었습니다. 우리 꿈의 근거, 기도의 근거는 바로 약속의 말씀이 되어야 합니다. 하나님의 말씀을 근거하여 기도하고, 그 말씀에 의지해서 꿈을 꾸는 것입니다. 그래서 이 약속의 말씀이 너무나 중요합니다.

구체적으로 약속의 근거가 되는 하나님의 말씀은 세 가지입니다. 가장 일차적인 하나님의 말씀은 바로 '성경'입니다. 성경을 가까이하여 늘 읽고 묵상해야 합니다. 두 번째는 강단에서 선포되는 '설교 말씀'이 하나님의 말씀입니다. 하나님은 우리와 늘 함께 계시지만, 가장 우리와 가까이 계실 때를 상상하면 우리가 예배하는 그 시간일 것입니다. 우리가 예배할 때 하나님은 영광 받으시며 기뻐하십니다. 예배를 통해 우리의 가장 가까이에 하나님이 와 계신 것입니다. 그리고 강단에서 하나님 말씀의 떡을 나누어 주시는 겁니다. 설교 말씀을 통해 하나님은 우리를 인도해가십니다. 그래서 그 말씀에 귀 기울이고, 그 말씀을 붙잡을 때, 말씀은 우리 삶의 꿈이 되고 희망이 되며 기도의 제목이 되고 응답으로 열매 맺게 되는 것입니다.

> 그들이 여리고에 이르렀더니 예수께서 제자들과 허다한 무리와 함께 여리고에서 나가실 때에 디매오의 아들인 맹인 거지 바디매오가 길 가에 앉았다가 나사렛 예수시란 말을 듣고 소리 질러 이르되 다윗의 자손 예수여 나를 불쌍히 여기소서 하거늘 많은 사람이 꾸짖어 잠잠하라 하되 그가 더욱 크게 소리 질러 이르되 다윗의 자손이여 나를 불쌍히 여기소서 하는지라 (막 10:46-48)

앞을 보지 못하는 거지 바디매오가 예수님이 지나간다는 소식을 듣게 되었습니다. 바디매오는 목이 터져라 소리 지릅니다. 그러자 많은 사람이 바디매오를 꾸짖습니다. 하지만 바디매오는 다른 이들의 꾸짖음에 반응하지 않고 오히려 더 큰 목소리로 예수님을 부릅니다. 자신을 불쌍히 여겨달라고 외칩니다. 예수님은 바디매오의 소리를 들으셨고 그를 불쌍히 여기시며 고쳐주셨습니다.

예수님이 잠시 그의 곁에 머물렀는데 평생의 소원, 보이지 않던 눈이 보이게 되었습니다. 오늘 예수님이 우리 곁을 지나갑니다. 어떻게 지나갑니까? 바로 말씀으로 지나갑니다. 여러분의 귓전으로 말씀이 지나가는 것입니다. 우리가 가만히 있으면 그 말씀은 정말 우리를 지나쳐버립니다. 우리는 그 말씀을 붙잡아야 합니다. '아멘' 하며 붙잡아야 합니다. 그럴 때 그 말씀이 우리의 말씀, 내 말씀이 되는 것입니다. 하나님은 말씀을 통해 꿈을 주시고, 우리는 하나님의 말씀에 근거하여 꿈을 디자인하며 기도하는 것입니다.

성경에 기록된 말씀과 설교를 통해 전해주시는 말씀, 그리고 꿈의 근거가 되는 세 번째는 기도할 때 주시는 하나님의 말씀입니다. 엘리야는 비를 지면에 내리리라는 약속의 말씀을 근거하여 기도했고 약속의 말씀을 붙잡았습니다. 약속의 말씀은 꿈의 씨앗입니다. 우리의 꿈과 희망은 하나님의 말씀에서 나오는 것임을 명심하십시오. 이제 우리 마음속에 하나님의 말씀이 들어왔습니다. 우리 마음에 있는 이 꿈의 씨앗이 기도로 발아가 됩니다. 발아(發芽), 눈으로 보이지는 않지만 생명이 움트기 시작합니다. 내 속에 하나님 말씀이 들어왔습니다. 그런데 보이지 않는 하나님 말씀이 기도하면서 발아하는 것입니다. 그리고 시간이 흐르면 땅을 박차고 잎이 솟아오릅니다. 보이기 시작하는 것입니다. 꿈의 실체가 드러나는 것입니다.

> 일곱 번째 이르러서는 그가 말하되 바다에서 사람의 손 만한 작은 구름이 일어나나이다 이르되 올라가 아합에게 말하기를 비에 막히지 아니하도록 마차를 갖추고 내려가소서 하라 하니라 (왕상 18:44)

엘리야가 일곱 번 간절히 기도하고 나니 사람의 손 만한 구름이 일어났습니다. 3년 동안 비가 내리지 않았던 하늘, 아마 푸르고 푸른 하늘이었을 것입니다. 그 광활한 하늘에 작은 구름이 떴습니다. 보이지도 않을 만큼 작은 구름이 보이기 시작합니다. 엘리야는 구름을 보는 순간 큰 비가 올 것을 예측하였습니다. 마음속에 있던 하나님의 말씀이 기도했을 때 보이기 시작한 것입니다. 아무것도 보이지 않는 마른하늘에도 기도하면 응답의 구름이 떠오릅니다. 암담하고 막막한 내일이지만 약속의 말씀을 의지하고 기도하면 사람의 손 만한 구름, 하나님의 은혜의 징조가 떠오르기 시작합니다.

> 주 내게 약속한 큰 비 내려주시려 은혜의 저 구름 건너편에 떠올라
> 그 귀한 징조가 내게 밝히 보이니 나 힘을 다하여 주께 간구합니다
> (찬송가 309장)

우리나라 초대 새마을운동을 담당하신 유태영 장로님이 계십니다. 그분의 아버지는 머슴이셨습니다. 자신도 아버지를 따라 머슴이 되어야 할 처지였습니다. 삶의 희망이 없던 사람입니다. 한 평의 땅도 없는 머슴의 아들로 태어났지만 장로님은 꿈을 꾸셨습니다. 집안에서 유일하게 초등학교에 입학했고, 남들보다 늦은 나이인 열여덟 살에 중학교를 졸업합니다. 무작정 서울로 올라와 구두닦이, 신문팔이, 행상 등을 하며 야간 고등학교도 졸업합니다. 찢어지게 가난한 머슴의 아들로 장래를 보장받을 수 없는 암담한 현실이었지만 장로님은 꿈을 꾸셨고 기도하셨습니다. 그리고 사람의 손 만한 구름이 하나 떠올랐습니다. 전혀 예상할 수도 없던 생각이 떠오른 것입니다. "덴마크 왕에게 편지를 보내라." 그리고 기적 같은 일이 일어났습니다. 덴마크 왕복 항공권이 도착했고 장로님은 전액 장학금을 받으며

학업을 이어갈 수 있었습니다. 이후 장로님은 우리나라 농촌이 성장할 수 있는 일에 쓰임 받으셨습니다.

기도하면 희망이 보입니다. 보이지 않던 꿈도 기도하면 보이기 시작합니다. 하나님은 우리에게 이런 약속을 하시는 것입니다. "나는 기도한다. 그러므로 나는 꿈을 꿀 수 있다." 가진 것이 없고 암담해 보여도 기도하면 꿈을 꿀 수 있습니다. 이 사실을 믿으시기 바랍니다. '하나님이라도 하실 수 없어.'라며 미리 하나님의 은혜와 능력을 제한하지 마십시오. 믿고 맡기며 선하게 인도하여 주실 하나님만을 바라보며 기도하십시오. 그렇다면 하나님은 얼마만큼 우리에게 은혜를 베푸실까요?

> 내 이름으로 무엇이든지 내게 구하면 내가 행하리라 (요 14:14)

이는 분명한 약속입니다. "내 이름으로 무엇이든지 구하면 행하겠다." 세상 최고의 부자도 하지 못 하는 일이 있고, 세상 최고의 권력가도 이루지 못 하는 일이 있습니다. 어린아이일 때는 부모님이 이 세상에서 가장 능력 많고 부유한 사람이었습니다. 하지만 점점 커갈수록 슈퍼맨 같던 부모님에게도 한계가 있다는 것을 깨닫게 됩니다. 그러나 하나님은 한계가 없습니다. "무엇이든지 구하라."라고 하십니다. 이 구절의 핵심은 '원하는 무엇이든지 구하라.'라는 것입니다. 그분은 전능자이시기에 가능한 일입니다.

> 하나님의 약속은 얼마든지 그리스도 안에서 예가 되니 그런즉 그
> 로 말미암아 우리가 아멘 하여 하나님께 영광을 돌리게 되느니라
> (고후 1:20)

그리스도 안에서는 'NO'가 없습니다. 하나님의 약속은 예수님 안에서 'YES'가 됩니다. '무엇이든' 구하라 하셨고 '얼마든지' '예'가 된다고 하십니다. '얼마든지 무엇이든지.' 우리가 원하는 무엇이든지, 바라는 얼마든지 하나님의 약속은 예수 그리스도 안에서 '예'가 된다는 것입니다. 우리가 이 사실을 믿기에 하나님 앞에서 기도하고 꿈을 꿀 수 있으며 무엇이든지 바랄 수 있습니다. '무엇이든지 얼마든지'를 마음에 새기십시오. 기도하면 보이기 시작합니다. 무엇이든지 얼마든지 줄 수 있는 분이 하나님이십니다. 기도하면 꿈꿀 수 있습니다. 전능자 하나님을 믿고 무엇이든지 얼마든지 꿈꾸고, 그 꿈을 향해 달려가시기 바랍니다.

미국의 철학자 에머슨(Ralph Waldo Emerson)은 "믿음은 종달새 알에서 종달새의 노래를 듣는 것이다."라고 말했습니다. 언제 울지 모르는 종달새의 노래를 듣기 위해서 믿음을 가지고 기다리는 것을 이야기합니다. 믿음은 바라는 것들의 실상(히 11:1)입니다. 종달새 알은 아주 작습니다. 실제로 종달새의 노래를 들으려면 이 알이 부화하고 자라서 노래를 불러야 들을 수 있습니다. 시간이 필요하다는 것입니다. 이 시간은 절대 시간입니다. 하나님의 시간으로 우리가 아무리

급해도 그 시간이 지나야 합니다. 엘리야의 기도 이후 조각구름이 보이고 큰 비는 조금 후에 내렸습니다(45절). '얼마 후'가 아니라 '조금 후'라고 합니다. 이는 하나님의 시간으로 우리에게 속하지 않습니다. 하나님의 것입니다.

다만 우리가 할 수 있는 것은 무엇이든지, 얼마든지 주실 수 있는 그분 앞에서 꿈꾸는 것입니다. 그것이 우리의 몫입니다. 조금 후에 그 꿈은 이루어질 것입니다. 조금 후에 큰 비가 내리는 것처럼 우리의 꿈은 현실이 될 것입니다. 아니 우리가 꿈꾼 것보다 더 놀라운 방법으로 현실이 될 것입니다. 그때까지 우리의 의무는 기도를 멈추지 않는 것입니다. 기도를 멈추면 꿈을 버리는 것입니다. 포기하는 것입니다. 얼마든지 무엇이든지 주실 하나님 앞에 오늘도 기도하는 성도가 되길 소망합니다. 우리 하나님은 신실하신 분이십니다. 하나님의 시간표는 너무나 정확합니다. 하나님의 때가 되면, 그때가 되면 우리가 기다리던 큰 비, 응답의 비를 맞게 될 것입니다. 그리고 우리는 빗속에서 주님을 찬양하게 될 것입니다.

04

희망한다, 그러므로 내 인생 눈부시다

롬 4:17-22

17 기록된 바 내가 너를 많은 민족의 조상으로 세웠다 하심과 같으니 그가 믿은 바 하나님은 죽은 자를 살리시며 없는 것을 있는 것으로 부르시는 이시니라

18 아브라함이 바랄 수 없는 중에 바라고 믿었으니 이는 네 후손이 이같으리라 하신 말씀대로 많은 민족의 조상이 되게 하려 하심이라

19 그가 백 세나 되어 자기 몸이 죽은 것 같고 사라의 태가 죽은 것 같음을 알고도 믿음이 약하여지지 아니하고

20 믿음이 없어 하나님의 약속을 의심하지 않고 믿음으로 견고하여져서 하나님께 영광을 돌리며

21 약속하신 그것을 또한 능히 이루실 줄을 확신하였으니

22 그러므로 그것이 그에게 의로 여겨졌느니라

우리 삶에 돈은 중요합니다. 만약 전 재산을 하루아침에 빼앗긴다

고 생각해 보십시오. 갑자기 빈털터리가 된다면 아마 자신도 모르게 움츠러들게 될 것입니다. 그런데 희망을 앗아가 버리면 주저앉아 버립니다. 사람은 소망을 품고 사는 존재입니다. 밥 먹고 사는 것이 우리 삶에 가장 중요한 일인 것 같지만, 사실 희망을 먹고 사는 것이 가장 중요합니다. 밥만으로는 못 산다는 것입니다. 그래서 하나님은 오늘도 우리에게 희망의 편지를 보내십니다. 하나님에게서 오는 희망의 편지를 온 마음 다해서 받길 소망합니다.

우리의 인생이 눈부시기 위해서는 무엇이 필요할까요? 무엇을 해야 할까요? 많은 사람이 성공하면 자신의 인생이 눈부실 것으로 생각합니다. 많은 재산을 가지고, 누구나 알만한 명예를 가지면 자신의 인생이 빛날 것으로 생각합니다. 하지만 정말 그렇다면 눈부신 인생은 몇몇 사람의 전유물이 되고 말 것입니다. 모두가 부를 축적하고 높은 명예를 가질 수는 없을 테니 말입니다. 우리 인생이 눈부시고 빛나기 위해서는 '희망'이 필요합니다. "희망한다. 그러므로 내 인생 눈부시다." 희망을 품은 사람의 얼굴은 빛이 납니다. 세상에 그 어떤 사람보다 눈부시고 빛날 수 있는 사람은 희망을 품는 사람입니다.

빛나는 인생

태초에 하나님이 천지를 창조하시니라(창 1:1)

하나님은 이 세상을 말씀으로 창조하셨습니다. 하나님의 말씀 한 마디에 온 천지가 순식간에 창조되었습니다. 그리고 그 가운데 각양 아름답고 귀한 생명을 만드셨습니다. 마지막에는 사람을 만드셔서 아름다운 에덴동산을 관리하라고 말씀하셨습니다. 창세기를 읽을 때면 하나님의 놀라운 솜씨에 감탄하게 됩니다. 어떻게 토끼는 토끼처럼, 소는 소처럼, 개는 개처럼 각양 적절한 모습으로 창조하셨을까요! 그런데 더 놀라운 소식은 사람은 사람처럼 만든 것이 아니라 하나님처럼 만드셨다는 것입니다.

비록 오늘날 우리의 삶이 창조 때와는 다른 비천하고 곤궁한 중에 있는듯해도 우리는 하나님의 형상을 닮아 창조된 소중한 존재입니다. 그렇기에 우리가 살아있다는 그 자체만으로도 우리의 삶은 이미 눈부신 삶입니다. 하나님의 형상을 입은 존재이기에 빛나는 존재입니다. 모든 하나님의 자녀들은 눈부신 인생을 살 수 있습니다. 그런데 존귀한 존재로 지음받은 우리가 하나님의 은혜를 잊어버리면 어떻게 될까요?

『인생 기출 문제집』이란 책이 있습니다. 제목이 아주 비범해 보입니다. 이 책은 시대의 멘토 스물한 명, 즉 사회 오피니언들이 자기의 인생 문제를 내고 삶으로 답하는 내용입니다. 학자, 예술가, 언론인, 연예인 등 각 분야에서 인정받는 명사이자 인생 선배들이 청춘들에게 자신들의 경험에서 우러나온 88개의 질문을 던집니다. 물론 이 책은 '정답'을 일러주는 것이 아니라 '문제'를 깨닫게 해주는 이야기들로 질문만 있고 답은 없습니다. 책의 한 내용입니다.

"부모는 자식이 원하는 것은 무엇이든지 주고 싶다." 당연한 이야기입니다. 집이라도 팔고, 땅이라도 팔아서, 심지어는 자기 장기라도 떼어 자녀에게 주고 싶은 것이 부모 마음입니다. 그런데 자녀는 공부도 하지 않고 하루하루 시간을 허비한다면 부모는 애가 타게 될 것입니다. '저 자식 뭐가 되려고 저러지!' 전전긍긍 부모의 마음은 걱정 근심으로 새카매집니다. 혹시나 해서 "너 이다음에 뭐 할 거니?" 묻습니다. "몰라요, 가만히 놔두세요." 대화를 거절하는 자녀의 뒷모습을 보며 눈물이 납니다. 부모는 모두 주고 싶고, 계속 주고 있는데 자신의 마음대로 살겠다며 대화를 거절하는 자녀를 보면 속이 문드러지는 것 같습니다. 책의 저자는 독자에게 질문합니다. "지금 속을 썩이는 그 아이가 당신의 자녀라면 자신의 마음대로 살도록 내버려 두시겠습니까?" 저자의 의도는 거울로 독자를 비추듯 왜 그렇게 살고 있냐고 말하는 것입니다. 자신을 '나의 아이'라고 생각해 보고, 자기 자신을 다독이면서 일깨워 세우라는 의미입니다.

"되는대로 살 거예요. 가만히 두세요."라고 말하는 자녀는 삶의 목적과 목표를 잃어버린 것입니다. 그야말로 방황하는 인생입니다. 사춘기 청소년의 치기라고 말하기에는 점점 많은 사람이 유리방황합니다. 되는대로 하루하루를 살아갑니다. 상황과 형편이라는 바람에 흔들리며 방황하는 것입니다. 방황하는 사람들이 그 상황을 벗어날 수 있는 유일한 탈출구는 바로 희망입니다.

> 여호와께서 아브람에게 이르시되 너는 너의 고향과 친척과 아버지의 집을 떠나 내가 네게 보여 줄 땅으로 가라(창 12:1)

아브라함은 하나님이 부르시기 전에는 정말 평범한 인생이었습니다. 갈대아 우르 출신인 아브라함은 부인 사라와 조카 롯 등 가족과 함께 하란 땅에서 부족함 없이 살고 있었습니다. 그런데 갑자기 하나님께서 아브라함을 부르십니다. 정들었던 고향, 살을 맞대며 살고 있던 친척, 아버지의 집을 떠나라고 하십니다. 그리고 하나님이 보여줄 땅으로 가라고 하십니다. 하지만 그 땅이 어디인지 어느 곳으로 가야 할지 전혀 알지 못했습니다.

> 내가 너로 큰 민족을 이루고 네게 복을 주어 네 이름을 창대하게 하리니 너는 복이 될지라(창 12:2)

하루아침에 갑자기 정든 곳을 떠나야 합니다. 그리고 목적지가 어디인지도 알 수 없습니다. 놀랍고 당황스러운 아브라함에게 하나님은 절망하지 않도록 희망을 주십니다. 여기서 이렇게 살다 죽지 말고, 알 수 없지만 나를 믿고 떠나면 '너로 큰 민족을 이루고', '이름을 창대하게 하고', '복이 되게' 하겠다고 하십니다. 이 약속은 평범한 아브라함에게 새로운 희망을 불러일으켰습니다.

> 이에 아브람이 여호와의 말씀을 따라갔고 롯도 그와 함께 갔으며 아브람이 하란을 떠날 때에 칠십오 세였더라(창 12:4)

아브라함은 여호와의 말씀에 순종하여 길을 떠납니다. '여호와의 말씀을 따라'의 다른 표현은 새 희망을 따라간 것입니다. 하나님께서 새 희망을 주시니 아브라함도 평범한 삶을 정리하고 떠난 것입니다. 지금까지 살아온 삶의 터전에서 떠날 수 있는 유일한 탈출구는 희망입니다. 그럭저럭 '어제와 같은 오늘, 오늘과 같을 내일'처럼 목표를 잃고 지지부진하게 방황하는 인생의 탈출구는 바로 희망입니다.

차동엽 신부는 『희망의 귀환』에서 99%의 블루오션이 우리 앞에 있다고 합니다. 사람들은 어떻게 하면 잘 살 수 있을지 고민하는데 사실 이미 우리 앞에 99%의 성장 가능성이 큰 새로운 시장이 있다는 말입니다. 아직 우리가 만나지 못한 미지의 세계가 우리 앞에 엄청난 가능성으로 있다는 것입니다. 너무나 아름다운 블루오션, 그 블루오션으로 가는 관문은 바로 희망입니다. 희망을 통해 우리는 블루오션에 들어갈 수 있습니다.

덴마크 코펜하겐에는 미래학 연구소가 있습니다. 『드림 소사이어티』의 저자이자 연구소 대표인 롤프 옌센(Rolf Jensen)은 "미래는 확실성이 아닌 꿈으로 만들어져 있다. 미래는 물리적인 세계가 아니라 우리의 사고와 꿈속에 존재한다. 그러므로 미래는 꿈이라는 재료로 만들어진다."라고 말했습니다. 아름다운 미래의 블루오션은 물리적인 세계가 아니라 우리의 사고, 꿈속에서 존재한다는 것입니다. 그러므로 훌륭한 작가가 멋진 이야기를 상상하듯, 사업하는 사람도 자신의 미래에 대해서 상상해야 한다고 말합니다. 방황하는 사람들은 미래에 대한 상상, 아름다운 블루오션이 보이지 않기에 방황하는 것입니다. 하지만 그들에게 희망을 주면 일어나게 되어 있습니다. 평범하게 살아가는 사람, 그럭저럭 오늘 하루를 살아가는 사람들도 희망을 품으면 평범함을 벗어나 비범함으로 성장하게 되는 것입니다.

희망의 근거

세상 모든 사람은 나름대로 자신만의 희망을 품고 삽니다. '잘 될 거야.'라는 희망을 품고 살아갑니다. 이 사람의 희망의 근거는 자기 자신입니다. 자기 자신을 신뢰하며 마음에 품고 있는 희망이 이루어질 것이라 기대합니다. 하지만 우리의 희망의 근거는 하나님이십니다. 자신이 희망의 근거가 되어서는 안 됩니다. 아니 될 수도 없습니다. 죄인인 인간은 한계가 있는 존재입니다.

> 우리가 이 소망을 가지고 있는 것은 영혼의 닻 같아서 튼튼하고 견고하여 휘장 안에 들어 가나니 (히 6:19)

성도가 가지고 있는 소망은 희망입니다. 이 소망이 있는 것은 영혼의 닻 같다고 합니다. 우리가 가지고 있는 이 소망, 이 희망은 영혼의 닻처럼 하나님께 든든하게 고정되어 있다는 것입니다. 그래서 튼튼하고 견고하여 휘장 안으로 들어가게 된다는 것입니다. 영혼의 닻이 정박하여 휘장 안으로 들어갑니다. 휘장 안에는 십계명이 있는 법궤가 있습니다. 지성소와 성소 사이에 가로막혀 있는 휘장, 그 안으로 들어간 영혼은 하나님의 임재를 경험하게 됩니다. 우리 영혼의 닻, 우리의 희망은 영혼의 닻과 같은데 하나님에게 연결되어 있다는 것입니다. 끊어질 수 없는 튼튼한 닻으로 연결되어 있습니다. 그렇기에 우리 희망의 근거는 절대로 흔들릴 수 없습니다.

코로나19 바이러스로 인해 너무나 많은 것들이 바뀌었습니다. 가장 크게 외형적으로 달라진 변화는 모든 사람이 마스크를 착용한다는 것입니다. 이제 점차 실외 마스크 착용은 해제되겠지만 사람들은 습관처럼 마스크를 벗지 않고 있습니다. 언제쯤이면 마스크를 벗고 자유롭게 거리를 걸을 수 있을까요? 그 누구도 미래를 전망하지 못합니다. 또 경제학자들은 올해의 경제 혹은 내년의 경제를 기존의 자료와 자신들의 경험을 토대로 예측합니다. 하지만 예상하지 못한 전쟁과 이로 인한 경제불황으로 예측이 빗나가고 있습니다. 전망할 수도 없고 예측할 수도 없는 하루하루가 답답합니다. 변수라는 이름으로 벌어지는 일들을 담대하게 받아들이기에는 오늘날 사회에 미치는 영향력이 너무나 큽니다. 전망하기 어려우니 사람들은 낙망합니다.

그렇다면 예상되지 않고, 전망도 안 될 때 우리에게 필요한 것은 무엇일까요? 반복하여 말하지만, 그냥 희망하는 것입니다. 하나님이 우리 희망의 근거이시기에 담대하게 희망하는 것이지요. 우리가 하나님과 연결되어 있기에, 하나님이 우리 곁에 계시기에 희망할 수 있습니다. 우리가 사는 시대에 정말 필요한 것은 자기 자신을 신뢰하며 품는 희망이 아니라, 하나님을 믿음으로 품는 희망입니다. 즉 믿음입니다. 믿음으로 희망하는 것입니다. 미래에 대해서 암울하다고 말하고 전망이 어둡다고 말하지만 우리는 믿음으로 희망하는 것입니다.

> 이에 아브람이 여호와의 말씀을 따라갔고 롯도 그와 함께 갔으며 아브람이 하란을 떠날 때에 칠십오 세였더라 (창 12:4)

아브라함이 하란을 떠날 때 그의 나이는 칠십오 세였습니다. 성경은 어느 한 구절도 그냥 의미 없이 기록되지 않았습니다. 아브라함이 하란을 떠날 때 칠십오 세라고 기록되었다는 것은 다른 말로 아브라함이 새롭게 시작하기에는 늦은 나이라는 의미입니다. 오늘날은 의료기술이 발달하여 백 세 시대라고 합니다. 하지만 아브라함이 살던 시대에 칠십오 세는 상당히 나이 든, 노년의 시기였습니다. 새로운 희망을 품기에는 나이가 너무 많습니다.

> 그가 백 세나 되어 자기 몸이 죽은 것 같고 사라의 태가 죽은 것 같음을 알고도 믿음이 약하여지지 아니하고(롬 4:19)

아브라함이 마음속 깊이 품은 소원은 아들을 갖는 것이었습니다. 하지만 아들이 생기지 않습니다. 칠십오 세에 하란을 떠났는데 백 세가 되도록 아이가 생기지 않습니다. 마치 그들의 몸이 죽은 것 같다고 표현합니다. 몸은 살아 움직이지만 더는 생명을 품을 수 있는 생식 능력이 없다는 의미입니다. 자기 몸은 죽은 것 같고, 그의 아내 사라도 태가 죽은 것 같다고 합니다. 오래된 고목처럼 점점 말라비틀어져 고사할 지경입니다. 어떻게 하면 고목에서 꽃을 피울 수 있을까요?

> 아브라함이 바랄 수 없는 중에 바라고 믿었으니 이는 네 후손이 이같으리라 하신 말씀대로 많은 민족의 조상이 되게 하심이라 (롬 4:18)

아브라함처럼 도무지 희망할 수 없는 상황이 닥쳤을 때 우리는 보통 세 가지 태도를 보입니다. 첫 번째 태도는 절망입니다. "이젠 난 안 되는구나. 나는 끝났다." 아무리 생각해도 해결할 방법이 없다는 마음에 끈적끈적한 절망의 구덩이에 빠집니다. 두 번째 태도는 관망입니다. "될 대로 돼라. 뭐 어떻게 되겠지." 자포자기하는 것입니다. 누군가 슈퍼맨처럼 나타나 해결해주길 바랄 뿐, 손을 놓아버립니다. 세 번째 태도는 '그럼에도 불구하고'의 모습입니다. 그럼에도 불구하고 희망을 품는 것이지요. 하나님이 계시기 때문에 희망하는 것입니다. 아브라함은 바랄 수 없는 중에서도 바라고 믿었다고 합니다. '바라고 믿었으니.' 아브라함은 하나님이 계시기에 자기 몸은 죽은 것 같고, 사라의 태도 죽은 것 같지만 그럼에도 불구하고 믿었습니다. 자신을 부르신 하나님을 믿은 것입니다.

> 기록된 바 내가 너를 많은 민족의 조상으로 세웠다 하심과 같으니 그가 믿은 바 하나님은 죽은 자를 살리시며 없는 것을 있는 것으로 부르시는 이시니라(롬 4:17)

아브라함이 믿었던 하나님은 어떤 분일까요? 바로 그분은 죽은 자를 살리시며, 없는 것을 있는 것처럼 부르시는 분이십니다. 아브라함은 그 하나님을 믿었기에 바랄 수 없는 중에서도 바라며 믿었던 것입니다. 이것이 진짜 희망의 모습입니다. 아브라함의 하나님이 지금 우리의 하나님이십니다. 죽은 자를 살리신 하나님이 우리와 함께 계시고, 없는 것을 있는 것처럼 불러내시는 하나님이 우리의 아버지시기에 우리 생각으로는 '이제 방법이 전혀 없구나!' 하며 낙담할 수 있는 상황에서도 희망을 품을 수 있습니다. 하나님을 믿는 믿음으로 오늘을 희망할 수 있는 것입니다.

"희망한다. 그러므로 우리 인생은 눈부시다." 오늘 아브라함처럼 바랄 수 없는 중에 머무는 이가 있습니까? 자녀를 가지려고 애를 써도 안 되는 사람, 잘못된 중독을 끊고자 하는데 어느새 그 자리로 돌아가고 있는 사람, 가정이 무너진 사람 등 발버둥 치며 일어서려고 하지만, 사방이 막혀버린 것 같은 곳에 머물고 있지는 않습니까? 하나님을 믿으십시오. 죽은 자를 살리시는 하나님이 우리 아버지가 되십니다. 아무것도 없는 그곳에서 있는 것처럼 부르시는 분이 하나님이십니다. 있는 것처럼 꾸며 부르신 것이 아니라 믿음으로 나와 오기까지 가장 선한 것을 준비하고 계시는 분이 우리 하나님이십니다.

믿음과 기다림

그래서 우리의 희망은 하나님과 연결되어 있습니다. 그렇기에 어떤 상황에서도 희망을 품을 수 있습니다. 희망을 품은 사람은 희망의 실체를 보게 됩니다. 희망이라는 것은 아직 내 속에만 있습니다. 하지만 때가 되면 그 실체를 보게 되는 것입니다. 아이를 잉태한 여인은 출산을 기다리며 아이의 옷가지와 물품을 준비합니다. 아기가 건강하게 태어나기만을 기다리며 엄마와 아빠는 아기에게 사랑이 담긴 목소리를 들려줍니다. 열 달의 시간이 꼬박 흐른 후에 아기는 태어납니다. 엄마 배 속에서 꼼지락거리던 아기가 '으앙' 하며 세상에 태어납니다. 가족 모두는 기쁜 소식을 전하기에 여념이 없습니다. 이처럼 희망을 잉태하면 희망을 만나게 됩니다. 우리 마음의 꿈을 잉태하면 꿈을 만나게 되고 실체를 보게 되는 것입니다.

그런데 정말 중요한 변수는 아기의 얼굴을 보기까지 시간이 필요하다는 것입니다. 아무리 빨리 보고 싶어도 시간이 되지 않으면 만날 수 없습니다. 엄마는 태 안에 있는 아이의 건강을 위해 좋은 음식을 먹고, 좋은 음악을 들으며, 좋은 생각을 합니다. 태어날 날을 기다리며 아이를 위해 부모가 할 수 있는 모든 것을 준비합니다. 하지만 그 시간은 당길 수가 없습니다. 시간은 사람의 영역이 아니라 하나님의 영역입니다. 그렇기에 우리가 희망을 품고 있다 할지라도 기다려야 하고, 견뎌야 합니다. 아브라함은 칠십오 세에 희망을 품었지만 백 세가 될 때까지 무려 이십오 년 동안 희망의 형체를 볼 수 없었습니다.

제가 젊은 시절 자주 갔던 무척산 기도원은 제 기억 속에 은혜의 동산으로 남아있습니다. 그곳의 산이 얼마나 가파른지 한겨울에도 올라가면 온몸에 땀이 날 정도였습니다. 그 산꼭대기에 저수지가 있고, 오래된 돌로 만든 성전이 있었습니다. 일제 강점기 믿음의 사람들이 피난처로 만들었던 곳이라고 합니다. 그곳으로 우리 아이들과 겨울 수련회를 갔습니다. 저녁 예배를 마치고 잠자리에 들던 아이들을 모두 불러내어 바람 부는 깜깜한 산으로 올라갔습니다. 도시 아이들이 어두운 산길이 얼마나 무서웠겠습니까? 온 세상이 어두컴컴한데, 바람은 또 얼마나 세게 부는지! 두려움에 떨면서 제 뒤를 따라오는 아이들에게 나무 하나씩을 붙잡게 하고 저를 따라 기도하게 하였습니다.

"주여, 주여, 주여." 세 번 부른 후, 바람불고 추운 그곳에서 함께 기도했습니다. 가만히 있으면 더 무섭기에 더욱 소리를 지르며 기도합니다. 지금 생각해 보면 아이들에게 미안하기도 합니다. 철부지 아이들을 그렇게 소리치며 기도 훈련을 시켰던 시절이 있었습니다. 하지만 그 밤에 하나님께서 제 인생 미래의 청사진을 보여주셨습니다. 환상일 수도 있고, 상상일 수도 있지만 분명한 꿈을 순식간에 제 가슴 속에 넣어주셨습니다. 그때 저는 꿈을 주신 것이 너무 감격스러웠지만, 그 꿈이 내게 주신 것인지 믿어지지 않았습니다. "어떻게 내게 이런 일이 일어나려고…." 세월이 흘러 이십 년이 지나고, 이십오 년이 지나면서 하나씩 하나씩 꿈의 형체들을 보게 하셨습니다. 제 삶의 여정을 뒤돌아보면 무척산 기도원에서 주신 꿈이 얼마나 신실하게 열매 맺었는지를 봅니다. 신실하신 하나님이 내 아버지이시기에 주신 꿈은 반드시 이루어집니다.

기다려야 희망의 실체를 보게 됩니다. 견디고 버텨야 합니다. 희망을 품은 사람은 희망의 실체를 반드시 보게 될 것입니다. 조건은 단 하나, 믿음과 기다림입니다. 믿음과 기다림을 가지면 마침내 아브라함의 고목 같은 몸에서, 마치 죽은 자와 같은 그 몸에서 약속의 아들 이삭이 나오는 것입니다. 형체를 보게 되는 것이지요. 그래서 우리는 반드시 믿음과 기다림의 시간이 필요합니다.

아직 때가 되지 않아 실체가 보이지 않는다고 낙심하지 마십시오. 희망을 품은 사람은 실체를 보기 전에도 이미 그것을 느낄 수 있습니다. 누가복음 24장에는 엠마오로 가는 두 제자의 이야기가 나옵니다. 이들은 한때 이스라엘의 메시아로서 예수님을 믿고 따르던 자들이었습니다. 병든 자를 고치시고, 죽은 자를 살리시며, 가난한 자들을 먹이시는 예수님을 보면서 이분이야말로 자신들이 기다리던 참 메시아라 생각했습니다. 로마의 압제로부터 구원해줄 구속자라고 믿고 희망이 부풀어 올랐습니다. 그런데 그 예수님께서 십자가에 달려 돌아가셨습니다. 당시 최고의 악질 범죄자에게나 행하던 십자가형을 예수님께서 받으시며 힘없이 돌아가시고 만 것입니다. 한순간에 희망이 사라져버렸습니다. 세상 무너질 듯한 마음으로 두 제자는 예루살렘을 떠나 엠마오로 가는 중이었습니다.

> 예수께서 이르시되 너희가 길 가면서 서로 주고받고 하는 이야기가 무엇이냐 하시니 두 사람이 슬픈 빛을 띠고 머물러 서더라(눅 24:17)

누가는 엠마오로 내려가는 제자들의 얼굴이 슬픈 빛을 띠었다고 기록합니다. 그들의 마음에서 희망이 사라져 버리니 쓰리고 아픈 표정이 가득합니다. 절망을 품고 있으니 얼굴에서 광채가 사라져 버린 것입니다. 절망의 모양은 알 수 없지만, 절망의 빛깔은 우리가 무엇인지 알 수 있습니다. 바로 슬픈 빛입니다. 우리 마음에 근심과 두려움, 절망을 품으면 얼굴이 슬픈 빛을 띱니다. 세상에서 가장 어두운 빛입니다.

> 공회 중에 앉은 사람들이 다 스데반을 주목하여 보니 그 얼굴이 천사의 얼굴과 같더라 (행 6:15)

사도행전 6장은 지혜와 성령이 충만한 스데반이 공회에 붙잡힌 장면입니다. 그곳에 모인 사람들은 모두 스데반을 죽이려는 의도가 가득했습니다. 살기가 감도는 그곳에서 오직 한 사람의 모습은 달랐습니다. 성령으로 충만한 스데반의 얼굴은 천사의 얼굴과 같다고 기록되어 있습니다. 비록 그는 돌에 맞아 순교하였지만, 그가 죽음 앞에서 남긴 천사의 얼굴은 그곳에 모인 이들에게 참 증거가 되었습니다. 스데반은 영원한 소망이신 예수 그리스도를 희망으로 품은 자입니다. 그러니 희망의 빛이 얼굴에 나타났는데, 그 얼굴이 얼마나 아름다웠는지 마치 천사의 얼굴과 같다고 말합니다. 이는 스데반을 죽이려고 모의한 자들의 증언입니다.

우리는 이미 예수 그리스도를 품고 사는 사람들입니다. 우리는 소망이신 예수님을 품고 있습니다. 최고의 소망을 품고 있는 자들에게는 눈부신 희망의 빛이 나타납니다. 그렇기에 지금은 희망의 실체가 보이지 않고 언제까지 기다려야 하는지 의심이 들 때도 있지만, 낙담하지 마십시오. 우리가 희망을 품고 인내하며 나아간다면 희망의 실체가 오기 전 희망의 빛을 보게 될 것입니다.

그 때에 의인들은 자기 아버지 나라에서 해와 같이 빛나리라 귀 있는 자는 들으라 (마 13:43)

그리스도인들은 장차 때가 되면 모두 주의 나라에 갈 것입니다. 우리 아버지 나라에서 우리의 얼굴이 해와 같이 빛난다고 합니다. 주님을 품은 우리는 이 땅에서는 천사처럼 빛나고, 주의 나라에 가면 볼 것도 없이 해와 같이 빛난다는 것입니다. 여러분, 눈부신 인생을 살길 축복합니다. 희망해야 눈부신 인생을 살 수 있습니다. 희망을 품은 사람의 삶은 빛이 납니다. 예수 그리스도는 우리의 영원한 희망입니다. 그래서 예수 그리스도를 가진 사람은 모든 것을 가지고 있는 것입니다. 인생의 불행을 고치는 약은 오직 예수님밖에 없습니다. 우리와 늘 함께 계시는 예수님으로 말미암아 바랄 수 없는 중에 바라며 희망을 품게 됩니다. 우리는 예수님으로 말미암아 어떤 상황과 환경에서도, 바랄 수 있는 특권을 가진 사람들입니다. 희망하십시오. 그러므로 우리 인생 눈부시게 변화될 것입니다.

Part 2
목표, 새로운 인생

부의 격차보다 무서운 것은 꿈의 격차이다.
불가능해 보이는 목표라 할지라도,
그것을 꿈꾸고 상상하는 순간,
이미 거기에 다가가 있는 셈이다.

by 알베르트 아인슈타인(Albert Einstein)

05

눈에 보이는 것이
전부가 아니다

요 1:43-49

43 이튿날 예수께서 갈릴리로 나가려 하시다가 빌립을 만나 이르시되 나를 따르라 하시니

44 빌립은 안드레와 베드로와 한 동네 벳새다 사람이라

45 빌립이 나다나엘을 찾아 이르되 모세가 율법에 기록하였고 여러 선지자가 기록한 그이를 우리가 만났으니 요셉의 아들 나사렛 예수니라

46 나다나엘이 이르되 나사렛에서 무슨 선한 것이 날 수 있느냐 빌립이 이르되 와서 보라 하니라

47 예수께서 나다나엘이 자기에게 오는 것을 보시고 그를 가리켜 이르시되 보라 이는 참으로 이스라엘 사람이라 그 속에 간사한 것이 없도다

48 나다나엘이 이르되 어떻게 나를 아시나이까 예수께서 대답하여 이르시되 빌립이 너를 부르기 전에 네가 무화과나무 아래에 있을 때에 보았노라

> ⁴⁹ 나다나엘이 대답하되 랍비여 당신은 하나님의 아들이시요 당신은 이스라엘의 임금이로소이다

이 세상에 나 홀로 있는 것 같을 때가 있습니다. 이러다가 망하는 것은 아닌지 무섭고 두려울 때가 있습니다. 그러나 망망대해 가운데 두렵고 떨리는 마음으로 홀로 있다는 생각이 들 때도 하나님은 여러분 곁에서 한순간도 떠나시지 않으셨습니다. 눈에 안 보일 뿐 그분은 모든 시간과 모든 장소에 우리 곁에 계셔서 우리를 응원하시고 손을 내밀어 붙잡고 계셨습니다. 그래서 눈에 보이는 것이 전부가 아닙니다.

시대를 앞서가는 사람들은 남들과 다른 무엇인가를 가지고 있습니다. 바로 꿈을 가지고 있고, 실력을 갖추고 있으며, 열정을 가지고 있습니다. 돈만 가진 사람은 돈의 흐름만을 쫓습니다. 높은 지위를 쫓는 사람은 어떻게 하면 줄을 잘 설 수 있을까 생각합니다. 세상 사람들이 부러워하는 재력과 명예를 가지고 있지만 그들의 눈에는 꿈과 실력과 열정은 보이지 않습니다. 눈에 보이지 않지만 꿈, 실력, 열정을 가진 사람은 어느샌가 앞서가게 됩니다. 보이지 않는 그것이 그 사람을 앞서가게 하는 중요한 요소라는 것입니다.

> 우리가 주목하는 것은 보이는 것이 아니요 보이지 않는 것이니 보이는 것은 잠깐이요 보이지 않는 것은 영원함이라(고후 4:18)

보이는 것이 '전부'라고 생각하지만, 사실은 보이지 않는 것이 더 중요할 때가 많습니다. 말씀은 우리가 관심을 가지고 주목해야 할 것은 보이는 것이 아니라 보이지 않는 것이라고 합니다. 보이는 것은 잠깐이고 보이지 않는 것은 영원하다고 합니다. 고린도후서 4장 16절 말씀에 사람에게는 두 가지 면이 있다고 기록되어 있습니다. 나는 분명히 하나인데 겉사람이 있고 속사람이 있다는 것입니다. 눈에 보이는 것은 겉사람이고, 보이지 않는 것은 우리의 속사람인데 눈에 보이는 겉사람은 낡아집니다. 세월이 가면서 약해지고 낡아지는 것입니다. 그러나 보이지 않는 우리의 속사람은 날로 새로워집니다. 그래서 보이는 것이 전부가 아니라는 것입니다. 사람들은 낡아질 이 몸을 위해 살아가는데 그건 어리석은 행동입니다. 아무리 기술이 발달해도 겉사람은 낡아지고 쇠할 수밖에 없습니다. 우리는 보이지 않지만, 영원에 관심을 두어야 합니다. 보이지 않는 영원을 주목하며 살아야 합니다. 예수님을 믿는 우리가 바로 이런 자들입니다.

우리의 삶은 보이는 대로 흘러가지 않습니다. 보이는 대로 이미 벌어진 결과에 순응하며 사는 것이 아니라, 보이지 않는 것을 해석하며 사는 것이 우리 인생입니다. 쉽게 설명하면 시력과 안목의 차이입니다. 시력은 물체의 형태 따위를 분간하는 눈의 능력을 말합니다. 사람의 시력은 측정할 수 있습니다. 시력이 어느 정도인지를 판별하여 도수에 맞는 안경을 제작할 수도 있습니다. 나빠진 시력은 안경을 통해 교정되어 물체를 선명하게 보게 합니다. 시력은 이처럼 보는 능력, 힘을 의미합니다. 그런데 사물을 보는 또 하나의 눈이 있는데 그 것은 시력으로 보는 것이 아닙니다. 보이지 않는 것을 보는 그 눈은 바로 안목입니다. 우리의 눈으로 볼 수 없는 그것들을 마음의 눈, 안목으로 보는 것이죠. 우리가 인생을 살면서 시력도 중요하지만, 그보다 더 중요한 것은 안목입니다. 그래서 안목 있는 사람은 삶을 더 풍성하게 살아가고 앞서갈 수가 있습니다. 사람의 눈은 앞만 바라봅니다. 좀 더 멀리 보고, 깊이 보아야 하는데 그것이 쉽지 않습니다. 시력보다 우리 인생에 영향을 더 미치는 안목의 눈으로 바라보며 살길 소망합니다.

나사렛에 무슨 선한?

빌립이 나다나엘에게 뛰어갑니다. 자신이 만난 예수님을 소개하기 위해서 급한 마음으로 달려갑니다. 자신을 향해 '따라오라.'라고 말씀하신 예수님이 그토록 기다리던 메시아임을 확신한 빌립은 나다나엘에게 이 기쁜 소식을 전하고자 했습니다. 빌립은 나다나엘에게 모세가 율법에 기록하였고 여러 선지자가 예언한 그분이 나타났다고 소리칩니다. 쉽게 말하면 구약의 선지자들이 그렇게 기다리고 기다렸던 그 메시아를 내가 만났는데 바로 나사렛 예수라고 외치는 것입니다. 그런데 나다나엘의 반응이 시큰둥합니다.

> 나다나엘이 이르되 나사렛에서 무슨 선한 것이 날 수 있느냐(요 1:46)

"그게 가능한 일이야? 무슨 그런 일이 있을 수 있어?" 나다나엘의 반응은 딱 이런 표현이었습니다. 자신이 나사렛이라는 동네를 잘 아는데 그 동네에서는 그런 위대한 인물이 나올 수가 없다고 말합니다. 나다나엘은 똑똑한 사람이었습니다. 무화과나무 아래에서 늘 말씀을 묵상하던 자였습니다. 그런 나다나엘에게 빌립이 나사렛에서 우리가 그토록 기다리던 메시아가 나타났다고 말하자 전혀 믿을 수 없는 이야기라고 반응한 것입니다.

나다나엘의 반응도 사실 합당해 보입니다. 그가 나사렛에서 선한 것이 날 수 없다고 말한 데에는 세 가지 이유가 있었습니다. 첫째, 나사렛 동네는 이스라엘 사람들에게 주목받지 못하는 작고 작은 변방의 동네였습니다. 구약 성경 어디에도 나사렛에 관한 이야기가 없습니다. 그러니 거기서 메시아가 나올 이유가 없다는 얘기죠. 두 번째 이유는 성경의 메시아 예언은 나사렛이 아닙니다. 나다나엘은 이를 잘 알고 있었습니다.

> 베들레헴 에브라다야 너는 유다 족속 중에 작을지라도 이스라엘을 다스릴 자가 네게서 내게로 나올 것이라 그의 근본은 상고에, 영원에 있느니라(미 5:2)

성경에서 예언하기를 메시아는 베들레헴에서 나온다고 했습니다. 그러니 나사렛에서 메시아가 등장할 리 없다고 나다나엘은 생각했던 것입니다. 예수님께서 베들레헴에서 태어나셨으나 이를 아직 모르는 나다나엘에게는 나사렛과 메시아는 무관한 곳이라고 생각할 수밖에 없었죠. 예수님은 베들레헴에서 태어나셨지만 바로로 인하여 애굽으로 피난을 가셨다가 이후 나사렛에서 어린 시절을 보내셨습니다. 태어나고 피신한 것까지는 성경에 예언되어 있었지만 자라는 곳은 기록되지 않았기에 나사렛에서 무슨 선한 것이 나겠느냐고 말한 것입니다. 마지막으로 나다나엘은 나사렛 동네를 너무나 잘 알고 있었습니다. 나다나엘의 고향이 나사렛과 가까운 갈릴리 가나입니다. 나다나엘은 어릴 때부터 고향에서 자랐기 때문에 나사렛 동네를 훤히 알고 있었습니다. "그 시골 촌 나사렛에서 메시아가 날 리 없어. 나사렛에서 무슨 선한 것이 나겠느냐?"

그토록 친한 빌립이 간곡하게 말하고 있음에도 예수님을 메시아로 인지하지 못합니다. 예수님을 메시아로 받아들이지 못하는 이유는 선입견 때문이었습니다. 이미 자기가 가지고 있는 선험적인 지식, 그것이 예수님이 하나님의 아들인 것을 몰라보도록 막았습니다. 편견, 즉 고정관념입니다. 사람들은 자기 나름대로 고정관념이 있습니다. 자신만의 '관(觀)'이 있습니다. 그 관 속에 갇혀서 자기에게 안 맞는 것은 다 틀렸다고 생각하는 것이죠. 그러니 안목이 없습니다. 눈에 보이는 대로, 자기 생각대로만 판단하기에 안목이 생기지 않습니다. 그래서 나다나엘은 나사렛에서 무슨 선한 것이 나겠느냐며 단정하여 말한 것입니다. 자신의 선입견과 고정관념으로 판단하고 결론 내버린 것입니다. 나다나엘만 그런 것이 아닙니다. 당시 나사렛 동네 근처에 있던 사람들은 모두 나다나엘과 같은 생각을 했습니다.

> 이는 그 목수의 아들이 아니냐 그 어머니는 마리아, 그 형제들은 야고보, 요셉, 시몬, 유다라 하지 않느냐 (마 13:55)

예수를 가리키며 목수 요셉의 아들이 아니냐고 말합니다. 어머니는 마리아이고 형제들로는 야고보, 요셉, 시몬, 유다가 있지 않냐고 수군거립니다. 이런 태도는 눈에 보이는 대로 보는 것입니다. 동네 이웃이었던 예수가 하나님의 아들, 메시아일 것이라고는 생각할 수도 없었습니다. 그들은 자신들이 예수를 너무나 잘 알고 있다고 생각했습니다. 자기만의 관점이 있고, 편견이 있었던 것입니다. 자기만의 고정된 생각이 있어서, 그 생각의 틀 속에서 사고하고 판단하는 것이죠.

나다나엘과 그 시대 사람들의 태도는 오늘날에도 이어집니다. 당신은 예수님을 누구라고 생각하십니까? 인생의 가장 중요한 질문은 예수님을 누구라고 생각하는지, 그분을 어떻게 이해하고 살아가고 있는가입니다. 예수님을 자기 구세주로 믿은 지 벌써 10년, 20년, 30년이 된 이들도 있을 것입니다. "예수 믿고 구원받는 거지, 뭐." 구원의 방편으로만 예수님을 이해하고 계십니까? 당신은 예수님을 어떻게 이해하며 살아가고 계십니까?

나를 누구라 하느냐?

> 예수께서 빌립보 가이사랴 지방에 이르러 제자들에게 물어 이르시되 사람들이 인자를 누구라 하느냐(마 16:13)

예수님께서 제자들을 데리고 빌립보 가이사랴 지방으로 가셨습니다. 성경에는 '가이사랴'라는 지명이 두 군데입니다. 예루살렘 가까운 해변에도 가이사랴가 있고, 이스라엘 북부에도 가이사랴가 있습니다. 가이사랴라는 지명은 당시 로마 황제 '가이사'의 이름을 따온 것입니다. 로마가 지배하고 있는 좀 괜찮은 도시에 황제의 이름을 붙여 도시를 불렀습니다. 빌립보 가이사랴라는 것은 이스라엘 북부에 있는 빌립보라는 도시가 황제 이름을 붙일 만큼 괜찮은 도시라는 의미입니다. 당시 가이사 황제는 신적인 존재였기에 도시 중앙에는 황제의 동상이 있었습니다. 엄청나게 멋진 동상을 만들어 놓고 이를 기리는 대단한 도시였습니다. 그런 도시에 시골 사람 나사렛 예수가 가신 것입니다. 그리고 제자들에게 묻습니다. "사람들이 나를 누구라고 하느냐?"

제자들이 대답합니다. 사람들이 말하기를, 예수님은 세례 요한이거나 혹은 예레미야나 엘리야 선지자라고 합니다. 대단한 사람처럼 보이지만 선지자 정도로만 생각한다는 것이죠. 예수님은 다시금 질문하십니다. "그렇다면 너희는 나를 누구라고 생각하느냐?" 나를 따르는 너희는 나를 누구라고 생각하는지 말해보라고 하십니다. 예수님의 제자인 너희는 나를 누구로 이해하고 있는지 대답해 보라십니다. 예수님을 누구라고 생각하느냐에 따라 인생의 향방이 달라집니다. "너희는 나를 누구라 하느냐?"

> 시몬 베드로가 대답하여 이르되 주는 그리스도시요 살아 계신 하나님의 아들이시니이다(마 16:16)

"주님은 그리스도시며, 살아 계신 하나님의 아들이십니다." 베드로가 자기도 모르게 고백합니다. 주님은 메시아이시며 하나님의 아들이라고 고백한 것입니다. 예수님은 기뻐하시며 베드로에게 복이 있다고 말씀하십니다. 이 땅에서의 최고의 복은 하나님의 아들, 예수님을 자신의 구주로 믿는 것입니다. 주님은 그리스도이시며 살아계신 하나님의 아들입니다. 이러한 고백이 베드로의 고백만이 아니라, 우리 부모님의 고백만이 아니라, 바로 지금 우리의 고백이길 소망합니다. 우리는 이 놀라운 복을 받은 사람들입니다. 이 땅에서 많은 것을 가지고 누리는 것이 복이 아니라, 진짜 오리지널(original) 복은 바로 하나님의 아들 예수 그리스도를 자신의 구주로 믿는 것입니다.

2022년 11월 15일을 기준으로 우리가 사는 이 지구촌의 인구가

80억 명을 넘어섰습니다. 그야말로 바다의 모래알만큼 많은 사람이 이 지구촌 곳곳에서 살아가고 있습니다. 이렇게 무수한 사람을 분류하기란 쉽지 않습니다. 하지만 예수님의 이름으로 분류하면 딱 세 종류로 나뉠 수 있습니다. 가장 첫 번째는 '관심이 없는' 사람입니다. 예수님에 대해 아무런 관심이 없습니다. 그저 보이는 것만을 위해 살아가는 데 바쁩니다. 어떻게 하면 좀 더 화려하고 대단해 보일까 고민하며 육체에 집중하며 살아갑니다. 이런 삶의 끝은 결국 낡아짐입니다. 세월이 가면 그들은 낡아져서 쇠하여 버립니다. 그리고 그날 말씀의 기록대로 이를 갈며 후회할 것입니다.

두 번째 부류의 사람은 예수님을 '적극적으로 반대'하는 사람입니다. 예수님을 받아들이지 않고, 예수님을 믿는 교회를 공격하는 자들입니다. 이 사람들은 유물론자입니다. 유물론은 이 세계가 물질로 이루어졌으며, 정신이나 의식 따위는 물질의 산물이라고 보는 이들입니다. 쉽게 말해 공산주의자들입니다. 공산주의자가 가장 싫어하는 것이 예수님을 믿는 사람이며 그래서 교회를 가만두지 않습니다.

세 번째 부류의 사람은 바로 예수님을 '구주로 영접'하는 사람입니다. 예수님을 자기 주인으로, 그리스도로, 살아계신 하나님의 아들로 믿는 자들입니다. 베드로의 고백을 자신의 고백으로 받아들인 것으로 우리가 바로 이 세 번째 부류에 속한 자입니다. 그러므로 우리는 큰 복을 받았습니다. 이 사실만으로도 감사가 넘칩니다. 첫 번째도 아니고 두 번째도 아니고 세 번째에로 속했다는 것이 얼마나 감사하고 하나님의 은혜로 복을 받은 사람들인지 생각하면 생각할수록 복됩니다. 전 세계 80억 명 중에서 예수님을 구주로 부르는 사람 가운데 우리가 속했다는 것은 큰 복입니다. 사랑하는 여러분, 예수님은 하나님의 아들이고 우리의 구세주임을 믿으시기 바랍니다. 겉으로 보기에는 나사렛 동네에서 자란 목수의 아들입니다. 그러나 보이는 것이 다가 아닙니다.

믿음의 눈으로

> 하나님이 세상을 이처럼 사랑하사 독생자를 주셨으니 이는 그를 믿는 자마다 멸망하지 않고 영생을 얻게 하려 하심이라(요 3:16)

하나님의 비밀인 예수님께서 이 땅에 오셨는데 보이는 대로만 보는 사람은 그분을 하나님의 아들로 믿을 수가 없습니다. 그냥 시골 촌 동네 나사렛의 목수인 예수인 줄로만 알죠. 그런데 우리는 그분의 엄청난 인도하심으로 나사렛 예수가 하나님의 아들인 것을 알게 되고 그분을 구주로 영접하게 되었습니다. 이제 우리는 하나님의 자녀가 되었으니 멸망하지 않고 영생을 얻게 된 것입니다. 이보다 더 큰 복이 어디 있을까요!

복된 삶의 비결은 눈으로 보는 것이 다가 아닙니다. 믿음의 눈으로 세상을 바라보아야 합니다. 예수님의 눈으로 세상을 보는 것이 복된 삶의 비결입니다. 그렇기에 우리는 세상을 바라보는 눈을 바꾸어야 합니다. 더 높이 멀리 바라볼 수 있는 시력이 아닌, 깊은 곳까지 이해할 수 있는 안목을 가져야 합니다. 믿음의 눈을 가진 사람으로 우리 자신을 바꿀 때 세상은 너무나 아름답게 보일 것입니다. 카메라 렌즈는 있는 그대로를 찍습니다. 사진을 찍고 난 후, "이 사진 참 잘 나왔네. 아니 이 사진은 좀 별로인 것 같아."라고 평가합니다. 그렇게 판단하는 기준은 사진을 바라보는 사람의 마음입니다. 자기 얼굴이 잘 나오면 사진이 잘 나온 것이고, 자신의 마음에 들지 않으면 그 사진은 못 나온 사진이 됩니다. 카메라 렌즈는 정직합니다. 색깔도 모양도 있는 그대로 받아들입니다. 하지만 사람의 눈은 카메라 렌즈와 다릅니다. 보는 대로 보지 않고, 있는 그대로 인식하지 않습니다. 나름대로 해석을 합니다. 그것이 관점이고 안목입니다. 그래서 하나님의 관점과 시선으로, 하나님의 안목을 가진 사람은 세상이 아름답게 보이지만, 안목이 삐뚤어지면 어둡고 괴로운 세상이 되는 겁니다.

블레셋에 빼앗겼던 여호와의 궤가 다윗성으로 들어올 때 다윗은 기쁨에 겨워 옷이 벗겨질 정도로 춤을 췄습니다. 이를 창으로 내려다본 사울의 딸, 미갈은 다윗이 부끄러웠습니다. 다윗은 언약궤가 들어오니 너무 좋아서 여호와 앞에서 뛰어노는 것처럼 춤을 추는데, 미갈은 그 기쁨을 보지 못했습니다. 미갈은 다윗의 모습을 보며 업신여기며 깔보았습니다. 온 백성이 보고 있는데 한 나라의 왕이라는 사람이

체통도 없이 춤을 춘다고 생각했습니다. 그러니까 아내 된 미갈이 창문을 내다보다가 다윗을 업신여긴 것이지요. 여기에서 '보고'의 히브리어 원어는 '라아(ראה)'입니다. 이는 '관찰하다.'라는 의미를 포함합니다. 카메라 렌즈처럼 보는 것이 아니라 그것을 해석한다는 의미입니다. 자기 나름의 해석을 하는 것이죠. 미갈은 남편 다윗을 보고 좋지 않은 쪽으로 해석했습니다. 마음의 안목이 삐뚤어져 제대로 해석하지 못하고, 그 결과 다윗을 무시한 것입니다. 다윗은 하나님 앞에서 감사하며 춤을 추는데, 미갈은 안목이 삐뚤어져 있으니 "왜 저러냐!" 하며 비난한 것입니다. 미갈은 보이는 대로 보았지만, 다윗은 보이지 않는 하나님의 영광을 보았습니다. 그렇기에 기뻐 뛰며 춤출 수 있었고 이러한 안목의 차이가 그들의 인생을 크게 달라지게 하였습니다.

똑같은 상황인데 그걸 보는 해석의 차이 때문에 인생이 달라집니다. 여러분 우리의 눈은 카메라 렌즈가 아닙니다. 기계가 아니라는 말입니다. 우리는 하나님의 형상으로 지음받은 하나님의 자녀들입니다. 그래서 우리는 믿음의 눈으로 세상을 볼 수 있습니다. 당장 눈 앞에 닥친 상황은 힘들고 어렵지만, 하나님의 눈으로 바라보며 믿음으로 해석하면 새로운 길이 열릴 것입니다.

비록 나다나엘이 나사렛에서 무슨 선한 것이 나오겠냐며 예수님을 비하했지만, 예수님은 나다나엘을 좋지 않은 쪽으로 보시지 않으셨습니다. 예수님은 나다나엘을 보시며 "그 속에 간사한 것이 없다."라고 말씀하셨습니다. 나다나엘의 중심을 보면서 가능성을 보는 믿음의 눈을 가진 분이셨습니다.

> 천국은 마치 밭에 감추인 보화와 같으니 사람이 이를 발견한 후 숨겨 두고 기뻐하며 돌아가서 자기의 소유를 다 팔아 그 밭을 사느니라(마 13:44)

예수님의 눈으로 세상을 바라보면 아름답습니다. 마태복음 13장은 천국 비유가 기록되어 있습니다. 44절에 천국은 마치 밭에 감춘 보화와 같다고 합니다. 겉으로 보기에는 평범한 밭이지만 그 속에 엄청난 보화가 묻혀 있다는 것입니다. 이는 아무나 볼 수 있는 눈이 아닙니다. 그래서 농부는 그것을 발견한 후에 집으로 돌아가 자기 소유를 팔고 그 밭을, 그 천국을 소유합니다. 겉으로 보기에는 척박한 땅이지만 믿음의 눈으로 보니 거기에 보화가 감춰져 있다는 것을 보게 되고 소유하게 되었다는 것입니다. 여러분의 눈이 열리기를 축복합니다.

우리는 주님의 눈으로 세상을 해석하는 믿음의 눈을 가져야 합니다. 그 눈을 갖기 위해서는 하나님의 은혜를 구해야 합니다. 나다나엘이 나사렛을 비하하며 갈 필요가 없다고 말할 때, 빌립이 다시금 그를 이끕니다. "와서 보아라!" 그러지 말고 예수님께 가서 예수님을 한번 경험해 보라고 인도합니다. 나다나엘은 빌립의 간청에 따라가 예수님을 만납니다.

> 나다나엘이 대답하되 랍비여 당신은 하나님의 아들이시요 당신은 이스라엘의 임금이로소이다(요 1:49)

나다나엘의 말이 달라졌습니다. 자신의 편견이 무너지고 나니 온전하게 보게 되었습니다. "이분이야말로 하나님의 아들이시구나, 이스라엘의 임금이시로구나!" 그때 알게 된 것입니다. 예수님을 경험하면 경험할수록, 예수님을 알아 가면 알아 갈수록, 그분은 너무나 신비한 분이시며 위대한 분이심을 체험하게 될 것입니다. 내가 몰라서 그렇지, 내가 경험이 부족해서 그렇지, 그분을 알아 가면 알아 갈수록 우리의 인생을 바꾸시는 위대한 분이라는 것을 믿게 될 것입니다.

나다나엘의 편견이 깨지고 예수님을 향해 "당신은 하나님의 아들입니다."라고 고백할 때, 예수님은 "네가 무화과나무 아래에 있는 것을 내가 보았다고 말해서 나를 믿느냐? 그러나 너는 그것보다 더 큰 일을 보게 될 것이다"라고 하십니다. '이보다 더 큰 일을 보게 될 것이다.'라는 예수님의 선언은, 지금은 네가 이만큼 나를 알지만 너의 믿음이 깊어지면 깊어질수록 더 큰 일을 보게 될 것이라는 의미입니다. 눈으로 보는 것이 다가 아닙니다. 더 큰 일을 보게 됩니다.

> 또 이르시되 진실로 진실로 너희에게 이르노니 하늘이 열리고 하나님의 사자들이 인자 위에 오르락 내리락 하는 것을 보리라 하시니라(요 1:51)

여러분 앞에 하늘이 열리는 것을 보게 될 줄 믿으시기 바랍니다. 예수님 안에서 믿음의 눈으로 이 세상을 바라보면 세상 곳곳에 가능성이 있고, 희망이 숨겨져 있는 것을 보게 될 것이고, 하나님의 손을 통해 일하게 될 것입니다. "세상이 왜 이래?"가 아닙니다. 믿음의 눈이 열리기를 바랍니다. 예수님의 시선으로 세상을 바라보십시오. 오늘도 길은 열려 있습니다. 여러분 앞에 펼쳐질 하나님의 영광, 더 큰 일을 보고 하늘이 열리는 영광을 누리시기를 예수님의 이름으로 축복합니다.

06

품격 있는 사람은
존귀하다

잠 30:7-9, 골 2:6-7

7 내가 두 가지 일을 주께 구하였사오니 내가 죽기 전에 내게 거절하지 마시옵소서

8 곧 헛된 것과 거짓말을 내게서 멀리 하옵시며 나를 가난하게도 마옵시고 부하게도 마옵시고 오직 필요한 양식으로 나를 먹이시옵소서

9 혹 내가 배불러서 하나님을 모른다 여호와가 누구냐 할까 하오며 혹 내가 가난하여 도둑질하고 내 하나님의 이름을 욕되게 할까 두려워함이니이다

6 그러므로 너희가 그리스도 예수를 주로 받았으니 그 안에서 행하되

7 그 안에 뿌리를 박으며 세움을 받아 교훈을 받은 대로 믿음에 굳게 서서 감사함을 넘치게 하라

표리부동(表裏不同)은 마음이 음흉하여 겉과 속이 다름을 의미합니다. 자가당착(自家撞着)은 한 사람의 말이나 행동이 앞뒤가 서로 맞지 않고 모순되는 모습을 뜻합니다. 겉과 속이 다르고, 앞과 뒤가 다른 사람은 누구도 만나기 싫어합니다. 어쩌면 의도적으로 겉과 속이 다르고, 앞과 뒤가 다를 수도 있습니다. 하지만 이는 인간의 본성이 그대로 드러난 결과입니다. 훌륭한 종교인이자 사회적 명망이 높은 사람, 가까이 지내는 이들의 칭찬이 마르지 않는 사람이 있습니다. 그런데 어느 순간 삶의 밑바닥을 드러냅니다. 본성을 좇아 살아가는 것이죠. 그렇게 살다 보니 어느새 품격이 떨어지게 되고, 그는 더 이상 존경받지 못합니다.

제가 청소년 사역을 할 때 일본의 청소년 단체를 방문한 적이 있었습니다. 동경에 있는 단체를 방문하여 교제를 나누던 중, 말씀을 전해달라는 부탁을 받았습니다. 갑작스러운 부탁에 당황하기도 했고 무엇보다 통역 설교를 해야 한다는 부담이 가득했습니다. 기도하며 말씀을 전했습니다. 마태복음 5장의 말씀을 읽고 '너희는 세상의 소금이다. 너희는 세상의 빛이다.'라는 메시지를 전했습니다. 제가 일본의 청년, 청소년들에게 이 메시지를 전한 이유가 있습니다. 부모의 마음은 모두 같겠지만, 특히 그곳에 있는 학생들과 부모님들은 '다음에 무엇이 될 것인가?'에 관심이 컸습니다. 대학을 진학하는 목적도 직업과 관련하여 생각하고 진로를 정합니다. 모두의 바람은 '무엇이 될 것인가?'에 있었습니다. 하지만 성경은 우리의 직업에 대해 말씀하지 않습니다. '무엇이 될 것인가?'를 말하는 것이 아니라 '어떤 존재가 될 것인가?'에 대해 말합니다. 소금과 빛은 존재의 모습입니다. 우리는 자꾸 무엇이 되고 싶어 합니다. 의사가 되고 싶고, 공무원이 되고 싶고, 이런저런 무엇이 되고 싶습니다. 하지만 하나님의 말씀은 한 번도 우리에게 '무엇'이 되라고 말하지 않습니다. 대신 '어떤 사람', 즉 존재에 대해 말씀하십니다.

헛된 말과 거짓을 멀리하시고

품격 있는 사람은 존귀한 사람입니다. 품격은 직업의 귀천을 따지는 것이 아닙니다. 어떠한 직업을 가졌든지 그 직업을 수행하고 있는 '나'라는 존재가 품격 있는 사람이 되어야 합니다.

> 내가 두 가지 일을 주께 구하였사오니 내가 죽기 전에 내게 거절하지 마시옵소서 (잠 30:7)

오늘 본문은 아굴이라는 사람의 잠언입니다. 성경은 아굴에 대해 많은 것을 이야기하고 있지 않아 그가 누구인지 구체적으로 알 수 없습니다. 다만 잠언 30장을 보면 그가 뛰어난 현자임을 알 수 있습니다. 그는 지혜와 총명을 지녔음에도 이를 자랑하지 않습니다. 스스로를 높이지 않고 겸손함을 겸비한 현자였으며 세상의 동물과 곤충에서도 지혜를 얻는 현자였습니다. 잠언 30장은 아굴의 평생의 기도 제목입니다. 기도의 위인들은 한 가지만을 구하는 단순한 기도의 전통이 있습니다. 다윗은 평생에 여호와의 집에 살기를 구했고(시 27:4), 그의 아들 솔로몬은 지혜를 구했습니다(대하 1:10). 평생의 기도 제목에 삶의 방향성을 잡고 집중하는 것은 우리의 영적 성장을 불러옵니다. 아굴은 두 가지를 평생 기도 제목으로 잡았습니다. 그리고 하나님께 자신이 죽기 전에 이루어 주시길 열망했습니다. 그가 살아 있는 동안에 반드시 응답받기를 위해서 필사적으로 기도했습니다.

곧 헛된 것과 거짓말을 내게서 멀리 하옵시며 나를 가난하게도 마옵시고 부하게도 마옵시고 오직 필요한 양식으로 나를 먹이시옵소서(잠 30:8)

먼저 헛된 것과 거짓말하지 않기를 구하였습니다. 이를 함축하면 "품격 있는 사람으로 살게 해주십시오."라는 기도 제목입니다. 사람들은 '품격 있다'라고 하면 지위나 능력, 인기 등 위치를 생각합니다. 하지만 품격은 그런 것이 아닙니다. '품격이 있다'는 것은 한결같은 사람이라는 뜻입니다. 말과 행동에서 한결같은 사람을 말하는 것입니다. 표리부동과 자가당착의 동의어는 '언행불일치'입니다. 품격 있는 사람은 이와 반대로 언행일치의 사람, 말과 행동이 한결같이 선하게 일치하는 사람입니다. 이런 사람을 품격 있는 사람이라고 합니다.

사람들은 허황하고 헛된 일에 욕심을 부리며 말을 바꾸고 거짓말을 합니다. 자신의 이익을 위해서라면 언제든지 말을 바꿀 수 있습니다. 언제든지 태도를 바꿀 수 있는 것이 인간의 연약한 모습입니다. 그러나 신실한 그리스도인, 품격 있는 사람은 상황에 따라 태도를 바꾸지 않습니다. 아굴이 헛된 것과 거짓말을 자신에게서 멀리하게 해달라며 기도했던 것은 헛된 이익으로 인하여 자신 역시 바뀔 수 있는 연약한 인간이라는 것을 알고 있음을 의미합니다. 즉 연약하고 부족한 자신이 언제든 말과 행동이 이익에 따라 바뀔 수 있는데 주님의 도움으로 이를 멀리하여 품격 있는 삶으로 살 수 있게 해달라고 기도하는 것입니다.

대중매체에 소개되는 유명인 중에는 그리스도인이 있습니다. 시상식에서 하나님께 영광 올려드린다고 수상 소감을 말할 때 우리는 함께 기뻐합니다. 그런데 다른 방송에서는 그리스도인의 모습이 전혀 나타나지 않습니다. '차라리 그리스도인이라고 말하지 말지….'라는 생각이 듭니다. 목사님이고, 권사님이며 교회 직분자인데 어느 순간, 인간 본성이 나와 밑바닥을 드러냅니다. 사람의 본성을 보면 누구나 실망하게 됩니다. "저 사람, 저런 사람이었어?" 사람에 대해 체념하게 됩니다. 그래서 우리는 본성대로 사는 것이 아니라, 이익을 좇아 살아가는 것이 아니라, 헛된 일에 거짓말하지 않는, 다시 말해 태도가 분명하고 언행이 일치되는 그런 사람으로 살고 싶다고 기도해야 합니다. 이것이 아굴의 기도였습니다. 그렇게 기도해 왔고 평생을 그렇게 기도하겠다는 것입니다.

구약에서 가장 품격 있는 사람을 뽑자면 다니엘도 뒤지지 않습니다. 다니엘은 바벨론의 포로로 잡혀갑니다. 타국에서 아니 본국을 점령한 나라에서 살아가기란 쉽지 않았을 것입니다. 그런데 다니엘은 하나님의 은혜로 총리의 자리까지 오릅니다. 다니엘의 주변에는 타국 포로 출신인 다니엘을 못마땅하게 여기며, 시기와 질투를 하는 이들도 있었습니다. "아니, 저 사람을 어떻게 총리로 세울 수 있지?" 함께 모여 다니엘을 파면시키기 위해 뒷조사를 합니다. 그런데 아무리 뒤져도 허물이 발견되지 않습니다. 샅샅이 뒤져도 티끌만 한 허물도 발견되지 않자 다니엘의 하루하루를 주시하기 시작합니다. "저 사람은 개인 시간을 보낼 때 어떻게 지내지?" 다니엘은 왕궁에서 퇴근하여 집에 오면 하나님 앞에 기도합니다. 시간을 맞춰 기도하는 것을 빠지지 않고 지킵니다. 다니엘을 시기하는 이들은 이를 흠의 재료로 삼습니다. 온전한 것을 허물로 만들어 버립니다. 이 사람들은 왕 앞에 달려가 왕을 추켜세웁니다. 왕은 신과 같은 존재이니 왕 외에 다른 신에게 기도하는 사람은 나쁜 사람이라고 말합니다. 그리고 앞으로 30일 동안 왕 외에 다른 신들에게 기도하는 사람은 사자 굴에 넣어버리는 법을 만들자고 요청합니다. 왕은 자기를 높이는 신하들의 말을 듣고 기쁜 마음으로 새로운 조서에 도장을 찍습니다.

다니엘이 이 조서에 왕의 도장이 찍힌 것을 알고도 자기 집에 돌아가서는 윗방에 올라가 예루살렘으로 향한 창문을 열고 전에 하던 대로 하루 세 번씩 무릎을 꿇고 기도하며 그의 하나님께 감사하였더라 (단 6:10)

다니엘은 조서에 왕의 도장이 찍힌 것을 알았습니다. 왕 외에 다른 신에게 기도하면, 즉 하나님께 기도하면 사자 굴에 던져진다는 것을 알고 있었습니다. 이런 상황이라면 대부분 태도를 바꿉니다. '내가 언제부터 기도했냐!'라는 듯 말도 바꿉니다. 하지만 다니엘은 이 모든 것을 다 알면서도 기도의 자리에서 예루살렘을 향하여 창문을 열어놓고 전에 하던 대로 기도합니다. 창문을 닫고 몰래 숨어서 할 수도 있는데 다니엘은 세 번씩 하나님께 무릎 꿇고 기도하며 하나님께 감사 고백을 합니다. 다니엘은 상황이 바뀌었어도, 자신에게 불리하고 손해나는 일이 온다고 할지라도 말을 바꾸거나 태도를 바꾸지 않았습니다. 오히려 평안할 때처럼 똑같이 기도하였습니다. 위기가 찾아왔지만 태도를 바꾸지 않고 평소처럼 이스라엘의 하나님께 감사 고백을 올려드렸습니다. 이것이 품격 있는 사람의 모습입니다.

다니엘의 삶의 핵심은 '전에 하던 대로'입니다. 우리는 위기와 욕심 앞에 언제든지 말을 바꾸고, 태도를 바꿉니다. 이는 인간의 본성입니다. 자신의 안전과 이익에 따라 언제든지 선택을 바꾸는 것입니다. 하지만 우리 앞에 환난이 오고 문제가 닥칠 때 가장 좋은 해결책은 '전에 하던 대로'입니다. 꾸준히 전에 하던 대로 기도하며 평안히 기다리는 것입니다. 예전처럼 예배하는 것입니다. 전에 하던 대로 꾸준하게 삶의 자리를 지키며 기도하고 하나님께로 시선을 집중할 때, 문제는 어느 날 사라지고 없는 것을 경험하게 될 것입니다.

우리가 태도를 바꿨기 때문에 문제가 생깁니다. 문제가 생겨서 태도를 바꾸는 것이 아니라, 삶의 방향을 바꿔버렸기 때문에 문제가 되는 것입니다. 사람의 눈으로 문제라고 생각되어도 태도를 바꾸지 마십시오. 다니엘에게는 다른 신하들의 험담과 새로운 조서가 문제가 아니었습니다. 이를 통해 태도를 바꿨다면 문제가 되었을 것입니다. 전에 하던 대로 다니엘이 기도하며 나아갔기에 하나님께서 알아서 모든 것을 정리하셨습니다.

가난하게도 부하게도 마옵시고

> 곧 헛된 것과 거짓말을 내게서 멀리 하옵시며 나를 가난하게도 마옵시고 부하게도 마옵시고 오직 필요한 양식으로 나를 먹이시옵소서 (잠 30:8)

아굴의 두 번째 기도는 자신을 가난하게도 부하게도 하지 말아 달라고 합니다. 가난하기를 바라는 사람은 없습니다. 그런데 부자가 되기를 거절하는 사람도 없습니다. 우리는 모두 부자 되기를 바랍니다.

그러나 아굴은 가난도 원치 않았지만, 부자 되는 것도 원치 않았습니다. 다만 아굴은 하루의 필요한 양식만을 구하였습니다.

> 혹 내가 배불러서 하나님을 모른다 여호와가 누구냐 할까 하오며 혹 내가 가난하여 도둑질하고 내 하나님의 이름을 욕되게 할까 두려워함이니이다(잠 30:9)

혹시 자신이 배불러서 '하나님을 모른다. 여호와가 누구냐?'라며 망령된 말을 하는 사람이 될까 걱정하였습니다. 자기 약함을 아는 것입니다. 사람은 배가 부르고 살만해지면 하나님 없이도 살 것처럼 교만해집니다. 아굴도 그것을 알았기에 부자가 되기를 원치 않는다고 말하였습니다. 또한 가난하여 남의 것을 도둑질하는 등 하나님의 이름을 욕되게 할까 두려웠습니다. 아굴은 가난해지거나 부해지는 것에 관심 있는 것이 아니라 오로지 하나님 앞에서 살아가는 것에 관심을 두었던 것입니다. 변함없는 하나님의 사람으로 살아가는 것이 아굴의 평생 기도 제목이었습니다. 이것은 아굴의 정체성을 보여줍니다. '가난해도 부해도 나는 하나님의 사람이다.' 이처럼 자신의 정체성이 분명한 사람은 품격 있는 사람입니다. 이익에 따라 비굴하게 자신의 정체성을 버리는 사람이 되어서는 안 됩니다.

예수께서 대답하여 이르시되 기록된 바 주 너의 하나님께 경배하

고 다만 그를 섬기라 하였느니라(눅 4:8)

예수님께서 마귀에게 시험받는 장면입니다. 마귀는 예수님을 높은 곳으로 데려가 잠깐 사이에 세상의 모든 나라를 보여주며 자신에게 절하면 이 모든 것을 주겠다고 합니다. 물질로 유혹한 것입니다. 절 한 번 하는 것이 어려운 것도 아니지 않습니까! '후딱 한 번 하면 될 것을….' 이런 생각이 들지 않으십니까? 천하만국이 아니라 아파트 한 채만 줘도 절할 것 같은 것이 오늘 우리 모습입니다. 천정부지로 솟는 아파트 가격에 어디서 살아야 할지 막막한 것이 오늘 대한민국의 모습입니다. 그래서 절 한 번이 아니라 두 번도 할 수 있을 것 같습니다. 그런데 예수님은 마귀의 말에 "성경에는 주 너의 하나님을 경배하고 그분만을 섬기라고 쓰여 있다."라고 대답하십니다. 예수님의 말씀이 우리 핵심입니다. 천하만국에 머리 숙이는 것이 아니고, 그 천하만국의 주인 되시는 하나님을 경배하고 그분만을 섬기라는 것입니다. 피조물을 섬기는 것이 아니라 피조물을 만든 창조주를 섬기겠다는 의미입니다. 천하만국을 만드신 주인 되신 하나님을 섬기면 문제가 되지 않는 것입니다.

인간은 연약한 존재입니다. 그래서 아굴은 기도하였습니다. 자기가 큰 부자가 되어 옛적을 생각하지 못하고 하나님을 모른다 할까 두려웠고, 가난하여 잘못된 행동으로 하나님의 영광을 가리지 않을까

무서웠습니다. 우리가 가난하든 부자든 관계없이 우리의 존재, 우리의 정체성은 전능하신 하나님을 섬기는 하나님의 자녀입니다. 우리는 분명하게 자신의 신분을 알아야 합니다. 참으로 품격 있는 사람은 자기 정체성이 분명한 사람입니다. 정체성이 분명한 사람은 어떤 일을 만나도 하나님의 자녀로 살아갑니다.

하나님 자녀의 정체성

다니엘이 품격 있는 사람이라면 그의 세 친구 사드락과 메삭, 아벳느고도 굉장한 신앙의 사람들이었습니다. 느부갓네살 왕은 자신의 금 신상을 만들어 놓고, 이 신상 앞에서 모두가 절하도록 하였습니다. 만조백관이 신상 앞에 절하고, 만약 절하지 않는 사람은 풀무불 속에 던져넣겠다고 합니다. 풀무불은 쇠를 달구는 불로 약 1,000도의 온도로 그 뜨거움은 상상할 수도 없습니다. 그런데 그곳에 사람을 넣어버리면 어떻게 되겠습니까? 지금 당장 금 신상에 절하러 달려가지 않겠습니까? 정체성이 막 흔들립니다.

> 왕이여 우리가 섬기는 하나님이 계시다면 우리를 맹렬히 타는 풀무불 가운데에서 능히 건져내시겠고 왕의 손에서도 건져내시리이다(단 3:17)

하지만 다니엘의 세 친구는 단호했습니다. '왕이여 우리가 섬기는 하나님이 계신다면.' 이는 "왕이시여 당신은 우리가 섬기는 하나님을 모르겠지만, 하나님은 분명히 계십니다."라는 뜻입니다. 그 하나님은 자신들을 맹렬히 타는 풀무불 가운데서 능히 건져내실 분이라고 선포합니다. 지금은 눈에 보이는 왕이 더 크게 보이지만, 그 왕의 손에서, 풀무불에서 건져내실 분이 우리 하나님이시라는 믿음의 고백입니다. 다니엘의 세 친구는 생명이 걸려 있는 위험 앞에서도 자신들의 정체성이 '하나님의 사람'이라는 것을 분명하게 고백합니다. 대단한 믿음의 사람들이지 않습니까? 사람은 물질 앞에서 머리 숙이고, 권력 앞에서 무릎 꿇지만, 믿음의 사람은 이 세상 모든 것보다 크신 하나님께 집중하는 사람입니다.

> 그렇게 하지 아니하실지라도 왕이여 우리가 왕의 신들을 섬기지도 아니하고 왕이 세우신 금 신상에게 절하지도 아니할 줄을 아옵소서 (단 3:18)

대단한 믿음의 고백입니다. 분명히 하나님께서 자신들을 풀무불 속에서 건져내시겠지만, 만약에 그렇게 하지 아니하실지라도 하나님의 계획이 있음을 믿는다고 말합니다. 그렇기에 그들은 금 신상 앞에서 절하지 않겠다고 담대하게 이야기합니다. 우리는 기도하다 우리 생각대로 되지 않으면 실망합니다. '하나님은 내 기도를 듣지 않으시구나. 내게 관심이 없는 것 같아. 하나님 안 계신 거 아니야?' 풀무불 속에서 건져달라고 기도했는데 들어가게 되면 실망한다는 것입니다. 진짜 올곧은 믿음은 '그리 아니하실지라도'입니다. 비록 풀무불 속에 들어가 죽게 된다 할지라도 하나님만을 섬기겠다는 '그리 아니하실지라도'의 믿음이 필요합니다. 사실 우리 마음은 그곳에 들어가고 싶지 않습니다. 세 친구도 얼마나 간절히 기도했을까요? 생명 걸고 "하나님, 안 들어가게 해주세요. 들어가고 싶지 않아요. 지켜주세요."라고 부르짖어 기도했을 것입니다. 그렇지만 결국은 풀무불 속으로 들어가게 됩니다.

그런데 놀라운 일이 벌어졌습니다. 분명 사드락, 메삭, 아벳느고 세 명을 풀무불에 던져 넣었는데, 불 속에 네 명이 거닐고 있습니다. 죽지 않고 왔다 갔다 하는 것입니다. 왕의 진노가 끝까지 차올라 평소보다 7배나 더 뜨거운 불이었습니다. 세 명의 친구들을 풀무불에 던져넣었던 사람도 그 불길에 목숨을 잃었습니다. 그런데 죽지 않고 네 사람이 불 가운데 거닐고 있는 것입니다. 바로 그 한 사람은 하나님이었습니다. 주님이셨습니다. 주의 사자가 그 속에 함께 있었던 것입니다. 그들은 풀무불에 들어가지 않길 바랐지만 풀무불 속에 들어가야만 하나님의 손을 만나는 것입니다. 결국 다니엘의 세 친구는 밖으로 나옵니다. 세 사람을 보니 화상을 입지도 않았고 머리털도 그슬리지 않았으며 그들의 옷도 상하지 않았고 불탄 냄새도 없었습니다. 느부갓네살 왕은 세 친구의 하나님을 찬양하며 세 친구의 하나님에 대하여 좋지 않게 말하는 자는 누구든지 벌하겠다고 선포합니다.

우리는 하나님의 큰 뜻을 알 수 없습니다. 우리 생각대로 되지 않는다 할지라도 하나님의 큰 뜻을 신뢰하시기 바랍니다. 우리 계획대로, 우리 생각대로 되지 않을 수 있습니다. 그럼에도 하나님을 신뢰하며 믿고 나아가는 것입니다. 하나님의 큰 뜻을 지금은 알 수 없지만, 하나님 손안에 있음을 믿는 것입니다. 이 세상 모든 것 하나라도 하나님의 허락 없이는 벌어지는 것이 없습니다. 하나님을 신뢰하십시오. 우리의 앞날은 주의 손에 있습니다. 우리는 하나님의 자녀입니다. 우리가 하나님의 자녀라는 분명한 정체성을 갖고 있으면 어떤 상황에서도 하나님을 신뢰할 수 있습니다. 이것이 품격 있는 사람의 모습입니다.

저는 <타이타닉(Titanic)>이라는 명화를 참 좋아합니다. 초호화 여객선 타이타닉호가 바다 위를 떠갑니다. 영국에서 미국까지 최단 시간으로 갈 수 있다 홍보하며 외관까지 화려하게 꾸민 여객선이었습니다. 그런데 캄캄한 밤 타이타닉호는 빙산에 부딪히고 몇 시간이 지나지 않아 깊은 바닷속으로 잠깁니다. 빙산에 배가 부딪쳤을 때 배에 탄 대부분은 우왕좌왕하였습니다. 1등급 객실에 머물던 부자도, 전 재산을 모아 겨우 3등급 객실을 이용하던 사람도 어느 한 사람도 빠짐없이 혼비백산합니다. 죽음의 그림자가 몰려오니 갑판 위에서 어쩔 줄을 몰라 합니다. 그때 갑판 구석에서 품격 있는 그리스도인들이 모입니다. 사람들이 죽음의 그림자 앞에서 공황 상태가 된 그때, 그리스도인 몇 사람이 바이올린을 켜고 찬양합니다.

> 내 주를 가까이 하게 함은 십자가 짐 같은 고생이나
> 내 일생 소원은 늘 찬송하면서 주께 더 나가기 원합니다
> 천성에 가는 길 험하여도 생명 길 되나니 은혜로다
> 천사 날 부르니 늘 찬송하면서 주께 더 나가기 원합니다
> (찬송가 338장)

찬양 소리가 울려 퍼지자 죽음 앞에 어찌할 바 모르던 사람들이 이들을 바라봅니다. 그리스도인들은 이 땅에 살 동안에도 품격 있는 그리스도인으로 살아야 하지만, 우리 삶이 모두 끝나고 이 세상과 이별하는 순간에도 하나님 자녀의 모습으로 천국에 가야 합니다. 웰빙(well-being)만큼 중요한 것이 웰다잉(well-dying)입니다. 잘 사는 것도 중요하지만 잘 죽는 것도 중요합니다. 무엇을 먹고 어떻게 살아야 잘 사는 것인지 고민하는 웰빙도 중요하지만, 인생의 끝자락을 어떻게 마무리할지 웰다잉에 대한 고민도 해야 합니다. 특히 그리스도인은 영원을 소망합니다. 이 땅에서 생을 다하고 하나님 나라에 갈 때 찬송처럼 '천성에 가는 길 험하여도 생명 길 되다니 은혜로다. 천사 날 부르니 늘 찬송하면서 주께 더 나가기 원합니다.'라고 고백할 수 있는 성도가 되었으면 좋겠습니다. 이것이 이 땅에서 우리의 마지막 모

습입니다. 이 사람이 바로 하나님의 사람들이며 품격 있는 사람의 모습입니다.

인생의 비밀

세상은 교회를 핍박하며 욕하고, 예수 믿는 사람들을 손가락질합니다. 하지만 때가 되면 모든 사람이 교회를 바라보게 될 것입니다. 세상의 소망이 모두 끊어지는 순간, 소망으로 가득 찬 우리의 모습을 보면서 위로받고자 할 것입니다. 우리는 그리스도인으로서 세상을 떠나는 마지막 날까지 품격 있는 사람으로 살아야 합니다. 당신은 하나님의 자녀입니다. 품격 있는 사람은 인생의 비밀을 가지고 있는 사람입니다. 성경을 보면 하나님의 비밀은 그리스도라고 합니다. 우리는 하나님의 비밀인 그리스도를 마음에 품고 있는 사람들입니다. 그렇기에 우리는 하나님의 비밀을 맡은 자라고 할 수 있습니다.

그런데 세상 사람들에게도 인생의 비밀이 있습니다. 그것은 자신이 원치 않고, 선택하지도 않았는데 모태에서부터 가지고 나온 것이 있다는 것입니다. 우리는 이를 천성 혹은 본성이라고 합니다. 만약 우리가 본성대로 살면 어딜 가도 인정받지 못합니다. 자기 밑바닥 그 모습 그대로 살면 그건 사람이 아니라 동물입니다. 하지만 우리가 가지고 태어난 얼굴 모양은 바꿀 수 없지만, 표정은 바꿀 수 있습니다. 타고난 성격은 바꾸지 못해도 따뜻한 가슴을 만들어 갈 수 있다는 말입니다. 그래서 하나님은 우리에게 품격 있는 사람이 되라고 하십니다. 우리가 본성대로 태어났다 할지라도 하나님의 은혜로 품격 있는 사람으로 바뀔 수 있다는 것입니다.

> 땅에 있는 성도들은 존귀한 자들이니 나의 모든 즐거움이 그들에게 있도다(시 16:3)

땅에 있는 성도는 존귀한 자들입니다. 하나님의 비밀인 그리스도를 품고 있는 우리는 존귀한 자들입니다. '나의 모든 즐거움이 그들에게 있도다.' 우리는 이미 존귀한 자들이기 때문에 서로에게 자랑이 되고 기쁨이 되는 사람이라는 것입니다. 품격 있는 사람으로 서로에게 기쁨이 되고 자랑이 되는 삶을 살아가는 것입니다. 그렇다면 우리 얼굴에 따뜻한 감정이 흐르는 향기 나는 모습으로 어떻게 바꿀 수 있을까요? "저 사람 참 좋은 사람이야."라는 말은 "저 사람 훌륭한 사람이야."라는 말입니다. 겉모습으로 평가하는 것이 아니라 그 사람에게서 풍기는 따뜻한 이미지, 향기를 느끼는 것입니다. 이것을 가지고 태어나는 사람은 없습니다. 하나님의 은혜로 만들어 갈 뿐입니다.

그럼 어떻게 만들 수 있을까요? 우리 얼굴에 따뜻함이 흐르도록, 행복함이 묻어나도록 어떻게 할까요? 우리 목소리도 색깔이 있습니다. 목소리 자체는 타고나지만, 목소리의 색깔은 만들어 갈 수 있습니다. 그렇다면 어떻게 겸손한 소리를 만들 수 있을까요? 우리의 본성은 너무나 실망할만한 인간이지만, 향기 나는 사람으로 어떻게 변화할 수 있을까요?

> 그러므로 너희가 그리스도 예수를 주로 받았으니 그 안에서 행하되 그 안에 뿌리를 박으며 세움을 받아 교훈을 받은 대로 믿음에 굳게 서서 감사함을 넘치게 하라(골 2:6-7)

우리는 그리스도 예수를 주로 받았으니 하나님의 자녀입니다. 우리 존재는 변함이 없습니다. 우리가 주안에서 뿌리를 내리고 믿음에 굳게 서서, 감사함을 넘치게 해야 합니다. 우리 가슴에 감사를 품고 있으면 얼굴이 따뜻해집니다. 우리 마음에 감사를 풍성하게 안고 있으면 우리 목소리가 다정한 목소리로 변합니다. 또 우리 가슴 속에 감사를 넘치게 품으면 인격이 향기롭게 변화되어 흘러갑니다. '감사함을 넘치게 하라.' 그리스도 예수 안에 뿌리를 내리고, 말씀으로 세움을 받아 믿음에 굳게 서면 우리 얼굴이 점점 주님을 닮아가게 되고, 우리를 아는 많은 사람이 우리를 보며 예수님을 알아 가게 됩니다.

감사함을 넘치게 할 때입니다. 우리는 하나님의 자녀입니다. 그리스도 안에서 하나님의 자녀가 되었습니다. 우리는 이미 존귀한 자입니다. 우리 일생의 과제는 존귀하신 주님의 모습이 우리 삶에 나타날 수 있도록 품격 있는 사람으로 발전시켜 나가는 것입니다. 우리 인생을 주님의 작품으로 만들어가는 것입니다. 그 핵심 열쇠가 바로 감사입니다. 감사를 넘치도록 하십시오.

> 나의 간절한 기대와 소망을 따라 아무 일에든지 부끄러워하지 아니하고 지금도 전과 같이 온전히 담대하여 살든지 죽든지 내 몸에서 그리스도가 존귀하게 되게 하려 하나니(빌 1:20)

바울은 '살든지 죽든지'라고 했습니다. 아굴은 '가난하든지 부하든지'라고 합니다. 바울은 사는 것과 죽는 것에 목적을 두는 것이 아니라 자신의 몸에서 그리스도가 존귀하게 되는 것이 그의 삶의 목표라고 고백합니다. 아굴은 가난하게 되거나 부자가 되는 것에 관심을 가지지 않고 하나님의 자녀로 살아가는 것이 평생 기도 제목이었습니다. 이 기도 제목을 가슴에 새기시기 바랍니다. 우리가 자꾸 썩어지고 무너질 것에 관심을 가지니 요동치게 되는 것입니다. 조금만 어려워져도 안절부절못합니다. 내 힘으로만 살려고 하니 두려운 것입니다. 하지만 우리가 사는 것과 죽는 것, 부자 되고 가난한 것에 집중하지 않고 하나님의 자녀로 살아가는 것을 평생 기도 제목으로 삼을 때 우리는 가장 큰 행복을 누릴 수 있게 될 것입니다. 어떤 상황이 벌어질지라도 요동치지 않을 든든한 삶의 반석 위에 서게 될 것입니다. 가난하거나 부해도, 건강하거나 병들어도, 살아도 죽어도 하나님의 자녀로 살아가는 것 자체가 행복인 줄로 믿으십시오. 두려울 것 하나 없습니다. 여러분, 살고 죽는 것은 주님의 손에 있습니다.

우리 일생이 그분의 손에 있기에 우리 몸에서 그리스도가 존귀하게 되는 것입니다. 품격 있는 사람은 존귀한 자입니다. 모든 성도가 그리스도를 존귀하게 하는, 그래서 품격 있는 그리스도인으로 멋지게 살아가기를 주의 이름으로 축복합니다.

07

당신은 무엇을 위하여 살고 있는가?

약 4:13-17

13 들으라 너희 중에 말하기를 오늘이나 내일이나 우리가 어떤 도시에 가서 거기서 일 년을 머물며 장사하여 이익을 보리라 하는 자들아

14 내일 일을 너희가 알지 못하는도다 너희 생명이 무엇이냐 너희는 잠깐 보이다가 없어지는 안개니라

15 너희가 도리어 말하기를 주의 뜻이면 우리가 살기도 하고 이것이나 저것을 하리라 할 것이거늘

16 이제도 너희가 허탄한 자랑을 하니 그러한 자랑은 다 악한 것이라

17 그러므로 사람이 선을 행할 줄 알고도 행하지 아니하면 죄니라

오래전 대중가요 중에 <하숙생>이란 노래가 있습니다. 이 노래의 가사가 아주 복음적입니다.

인생은 나그네 길

어디서 왔다가 어디로 가는가

구름이 흘러가듯 떠돌다 가는 길에

정일랑 두지 말자 미련일랑 두지 말자

인생은 나그네 길

구름이 흘러가듯 정처 없이 흘러간다.

연배가 있는 분들은 익히 알고 있는 노래입니다. 인생을 나그네로 비유하여 노래하고 있습니다. 노래는 잘 알려져 있는데 가사를 쓴 배경은 잘 모릅니다. 작사가 김석야 씨가 1963년 계룡산 동학사에 갔다가 여승(女僧)의 것으로 보이는 머리카락 한 뭉텅이를 발견합니다. 버려놓은 그 머리카락을 보며 삶의 질곡을 넋두리처럼 풀어놓았습니다. "어느 한 많은 여인이 세상에서 상처받고 여기서 머리카락을 버리고 새로운 출발을 했구나." "인생은 나그네 길 …."

인생은 나그네 길

머리카락을 자르고 속세를 떠난다고 모든 것이 끝나지 않습니다. 언젠가 우리 인생을 마칠 때면, 머리카락만이 아니라 모든 것을 다 내려놓고 가게 될 것입니다. 그래서 우리는 이 세상의 나그네입니다. 때가 되면 모두가 떠나게 되는 나그네의 길일 뿐입니다.

> 야곱이 바로에게 아뢰되 내 나그네 길의 세월이 백삼십 년이니이다 내 나이가 얼마 못 되니 우리 조상의 나그네 길의 연조에 미치지 못하나 험악한 세월을 보내었나이다 하고 (창 47:9)

바로가 야곱에게 묻습니다. "그대는 나이가 어떻게 되시오?" 야곱은 자신의 삶을 회고하며 "나그네 길의 세월이 백삼십 년입니다."라고 대답합니다. 자기가 살아온 날들을 나그네의 길이라 표현하며, 그 세월을 한 마디로 '험악한 세월'이라고 합니다. 긴 인생을 산 것 같은데, 돌아보니 고통스러운 험악한 세월을 보냈다는 것이지요. 언젠가 야곱처럼 백삼십 년을 살든지, 혹은 팔십 년을 살든지 삶의 길이 끝나는 날이 있을 것입니다. 그때가 되면 우리는 떠나야 합니다. 그렇기에 그날을 상상하며 무작정 삶의 여정을 달려가는 것이 아니라 멈춰 서서 생각해 보아야 합니다. "이대로 살아도 좋은가?" "나는 무엇 때문에 살지?" 인생을 돌아보며 생각하는 것은 지혜로운 자의 태도입니다.

어느 마을에 유명한 의사가 있었습니다. 이 의사는 환자의 얼굴만 봐도 어디가 아픈지 알고 처방을 해줄 정도로 의술이 뛰어났습니다. 세월이 흘러 이 의사도 이제 죽음이 가까이 다가왔습니다. 이웃들은 이제 그가 떠나면 누가 자신들을 돌보아 줄지 걱정했습니다. 의사는 슬퍼하는 이웃들에게 자신보다 더 훌륭한 의사 세 분을 소개해줍니다. "바로 음식, 수면, 운동입니다." 음식, 수면, 운동은 건강에서 가장 중요합니다. "위의 75%만 채우고 절대 과식하지 마십시오. 가능한 12시 이전에 잠자리에 들고 해가 뜨면 일어나십시오. 꾸준히 걷기만 해도 웬만한 병은 떠나갑니다."

저도 그 의사처럼 우리 성도님들이 건강하길 소망합니다. 건강해야 걸어서 예배당에 예배하러 오고, 새벽에 기도하러 나오며, 그러다 예배 마치고 저녁에 누웠는데 아침에 눈 떠보니 천국이 됩니다. 마지막까지 건강하시기를 축복합니다. 그런데 우리가 건강관리에 신경 쓰는 만큼 건강해지는 것도 맞지만, 아무리 건강해도 수명을 다하면 떠나게 됩니다. 천하 없는 체력을 가졌다 할지라도 때가 되면 이 땅을 떠나야 합니다. 누구도 예외가 없습니다.

마지막을 준비하며

> 한 번 죽는 것은 사람에게 정해진 것이요 그 후에는 심판이 있으리니 (히 9:27)

세상 모든 사람에게 공평하게 정해진 것이 있습니다. 바로 모두가 '한 번은 죽는 것'입니다. 생명 연장의 꿈을 가지고 불로초를 찾고자 노력했던 진시황도 죽었습니다. 의료기술이 아무리 발달하여도 인간은 죽음을 피할 수 없습니다. 반드시 이 땅에 사는 모든 사람은 한 번은 죽게 된다는 것입니다. 그런데 너무나 신비한 것은 그 죽음이 언제 올지 아무도 모른다는 것입니다. 모든 사람이 정해진 그 길 마지막에 세상을 떠나는데, 떠나는 그 날은 어느 누구도 확신할 수 없다는 말입니다. 언제, 어디서 우리의 삶이 끝날지는 아무도 모릅니다.

올해부터 신학대학교에서 학생들을 가르치게 되었습니다. 수업 전 한 학생에게 전화가 걸려왔습니다. 수업에 참석할 수 없다며 양해를 구했습니다. 친한 젊은 목사님께서 주일 예배를 인도하시려고 목양실에서 예배당으로 내려오시다 심장마비로 소천하셨다는 것입니다. 목사도 죽음 앞에는 예외가 없습니다. 젊은이도 마찬가지입니다. 하나님이 정해놓은 그 삶이 끝나면 누구도 예외 없이 떠나게 되는 것입니다. 그날을 아무도 모르는 것이 우리 인생입니다. 그래서 우리는 순간순간 "나는 무엇을 위해 살고 있는가?" 질문해야 합니다. 언제 하늘나라로 떠날지 모르기에 자신을 돌아볼 필요가 있습니다.

데이비드 브룩스(David Brooks)의 『두 번째 산』이란 책이 있습니다. 저자는 이 책에서 인생의 큰 그림을 보여줍니다. 사람은 이 땅에 태어나면 누구나 예외 없이 한 산에 오르기 시작한다고 합니다. 그 산의 이름은 '성공'입니다. 성공하기 위해 학교 가고, 공부하며, 시험을 보고, 더 좋은 곳에 취업하고자 애씁니다. 성공의 산을 오르기 위해 아주 치열한 삶을 사는 것입니다. 어떤 사람은 앞서가기도 하고, 또 어떤 사람은 처지기도 합니다. 앞서거니 뒤서거니 성공이라는 산을 오르면서 정상에 오르는 사람도 있지만, 실패하기도 합니다. 그런데 어느 정도 세월이 흘러 이 성공의 산에 오르기 위해 치열하게 사는 자신의 모습을 보며 마음에 회의가 들기 시작합니다. 허무의 계곡으로 떨어지는 것이지요. "이게 아닌데…. 내가 잘못 사는 것은 아닌가!" 이런 마음이 들면서 허무의 계곡, 낭떠러지로 굴러가게 된다는 것입니다. 앞선 무엇을 잡기 위해 열심히 달렸는데 너무 허무하다는 말입니다.

> 다윗의 아들 예루살렘 왕 전도자의 말씀이라 전도자가 이르되 헛되고 헛되며 헛되고 헛되니 모든 것이 헛되도다(전 1:1-2)

솔로몬은 부귀영화를 모두 누린 왕이었습니다. 왕국의 평화가 있던 시절이었고 아버지 다윗으로부터 물려받은 재물도 어마어마했습니다. 그런데 어느 날 솔로몬은 "헛되고 헛되며 헛되고 헛되다."라고 합니다. 삶 가운데 어느 날 허무감이 찾아온 것입니다. 허무의 계곡으로 떨어지다 데이비드 브룩스가 이야기한 '두 번째 산'을 오르기 시작합니다. 그 산의 이름은 '의미의 산'입니다. 모든 사람이 추구했던 행복은 첫 번째 산, '성공'에는 없습니다. 진정한 행복은 두 번째 산에서 만나게 됩니다. 지금 여러분은 어느 산을 오르고 계십니까?

> 들으라 너희 중에 말하기를 오늘이나 내일이나 우리가 어떤 도시에 가서 거기서 일 년을 머물며 장사하여 이익을 보리라 하는 자들

아(약 4:13)

열심히 치열하게 첫 번째 산을 오르는 사람들의 모습입니다. "오늘이나 내일, 어떤 도시에 가서 일 년 동안, 그곳에 머물며 사업을 벌여 돈을 벌어 보자." 철저한 계획을 세우며 첫 번째 산을 오르고 있습니다. '오늘이나 내일' 날짜를 정합니다. '어떤 도시로 가서' 장소도 정합니다. '일 년을 머물며' 기간도 정하고, '장사하며 이익을 보리라' 사업 구상도 치밀하게 합니다. 아주 꼼꼼하고 빈틈없이 사업 구상을 하는 것입니다. 그런데 거기에 빠진 것이 있습니다. 바로 하나님이 없다는 것입니다. 열심히 계획도 세우고, 꼼꼼하게 자료조사도 하면서 찬란한 미래를 꿈꿉니다. 철두철미하게 계획을 수립했지만, 하나님이 없기에 그들은 첫 번째 산 정상에 오른다 할지라도 참된 성공을 이룬 것이 아닙니다. 하나님이 계시지 않기에 어느새 허무의 계곡으로 떨어질 수밖에 없습니다.

안개 같은 우리 인생

내일 일을 너희가 알지 못하는도다 너희 생명이 무엇이냐 너희는 잠깐 보이다가 없어지는 안개니라(약 4:14)

그래서 성경 저자는 이들을 향해 '내일 일을 알지 못하는 자'라고 합니다. 생명을 영원한 것처럼 여기지만 잠깐 있다가 없어지는 안개와 같다고 합니다. 인생은 앞이 전혀 보이지 않을 정도로 자욱한 안개로 햇빛이 비치면 언제 있었는지 모를 정도로 순식간에 사라집니다. 하나님 없이 사는 인생이 이렇다는 것입니다. 대단한 성공을 이룬 것 같은데, 굉장한 것을 얻은 것 같은데, 하나님이 없는 삶은 그 모든 성공과 부가 의미 없다는 것입니다. 한순간에 사라지는 안개입니다.

> 또 이르되 내가 이렇게 하리라 내 곳간을 헐고 더 크게 짓고 내 모든 곡식과 물건을 거기 쌓아 두리라 (눅 12:18)

어떤 부자가 밭에서 수확물을 많이 거두었습니다. 부자는 속으로 생각합니다. '내 곡식을 저장해 둘 곳이 없으니 어떻게 할까?' 부자는 계획을 세웁니다. 기존 곳간을 헐고 더 큰 곳간을 세워 거기에 자신의 모든 곡식과 물건을 저장하기로 마음먹습니다. 그리고 이제 여러 해 동안 쓰기에 넉넉한 많은 재물을 가졌으니 편히 먹고 마시며 인생을 즐기기로 합니다. 쉬엄쉬엄 여행도 다니고 여유롭게 지내고자 합니다. 이 부자는 지금까지 열심히 살았습니다. 그리고 성공을 이룬 사람입니다.

하나님은 이르시되 어리석은 자여 오늘 밤에 네 영혼을 도로 찾으

리니 그러면 네 준비한 것이 누구의 것이 되겠느냐 하셨으니(눅 12:20)

그러나 하나님께서 그 사람을 향해 '어리석은 자'라고 하십니다. 오늘 밤에 네 영혼을 가져갈 것인데, 네가 준비한 것을 누가 가지겠냐고 말씀하십니다. 생명은 안개인데, 안개인 네가 아무리 성공한들 무슨 의미가 있겠냐는 뜻입니다. 여러분 생각해 보십시오. 이 사람은 열심히 일했고 부지런히 일해 성공했습니다. 그런데 왜 만족이 없을까요? 답은 딱 하나, 하나님이 없기 때문입니다.

우리가 염두에 둬야 할 것

너희가 도리어 말하기를 주의 뜻이면 우리가 살기도 하고 이것이나 저것을 하리라 할 것이거늘(약 4:15)

우리가 늘 염두에 둬야 할 것은 '주의 뜻'입니다. 하나님의 계획, 하나님이 함께하는 삶, 내 삶의 여정 속에 하나님이 계셔야 합니다. 하나님과 함께라면 이것도 하고, 저것도 하며 무엇을 하든지 그 모든 일에는 의미가 있습니다. 그러나 하나님이 함께하시지 않으면 대단한 성공을 이루어도 의미가 없다는 것입니다. 우리 삶의 중심이 하나님이어야 한다는 말입니다.

첫 번째 산에 오르지 말라는 것이 아닙니다. 성공하면 좋고, 성공해야 합니다. 그러나 하나님 없는 성공은 의미가 없다는 것이지요. 성도들 가운데 아주 열심히 사는 사람들이 있습니다. 성실하게 삽니다. 그런데 놓치지 마십시오. 우리의 열심만 있어서는 안 됩니다. 우리의 열정이 하나님의 뜻을 가려서는 안 됩니다. 또한 예수님을 오래 믿었다고 모든 것을 안다고 생각하지 마십시오. 교만은 온전하게 보지 못하도록 눈을 가립니다. 많은 것을 아는 것과 이를 믿는 것은 다릅니다. 그리고 믿음대로 행동하는 것은 더 큰 차이가 있습니다.

제가 즐겨 가는 식당이 있습니다. TV 프로그램에 소개된 맛집은 아닙니다. 순두부, 청국장 등 건강한 식단이 나오는 식당입니다. 젊은 사람들의 입맛에는 맞지 않는 음식일 수도 있습니다. 제 아내는 제가 맛집에 가지 않는다고 불만입니다. 어디를 가든 맛집을 찾는 사람이 있습니다. 저는 절대 그러지 않습니다. 그런 것을 별로 좋아하지 않습니다. 여러분 몸에 좋은 음식을 먹고 운동하면 건강해집니다. 우리는 이를 알죠. 그리고 믿기도 합니다. 그런데 안다고 해서 우리에게 모두 유익한 것은 아닙니다. 알고 심지어 믿기까지 하는 데도 도움이 되지 않는 이유가 있습니다. 바로 행하지 않기 때문입니다.

신앙생활을 이렇게 하는 사람이 너무 많습니다. 예수님을 믿으면 구원받는 것을 압니다. 그리고 이미 예수님을 마음에 영접하였습니다. 믿는 것이지요. 이제 예수님의 이름으로 풍성한 삶을 누릴 수 있다는 것도 압니다. 예수님의 이름으로 기도하면 하나님이 응답하시고, 신비하고 놀라운 풍성한 삶을 살게 된다는 것을 압니다. 또한 기도하면 하나님이 모든 삶의 문제를 해결해주신다는 것도 압니다. 그리고 믿습니다. 그런데 문제는 새벽예배에 나오지 않는다는 것입니다. 잠에서 일어나지 못합니다. 아니, 하지 않습니다. 이렇게 아는 것과 믿는 것, 그리고 행하는 것에는 큰 차이가 있습니다. 그러니 이제 믿음으로 행하십시오.

그러므로 사람이 선을 행할 줄 알고도 행하지 아니하면 죄니라(약 4:17)

행하지 않으면 죄라고 성경은 분명하게 기록하고 있습니다. 믿음의 행동을 하는 것은 하나님이 기뻐하시는 일이고, 선한 일이며, 우리의 유익이 됩니다. 다 알고 믿으면서도 행하지 않는 부끄러운 신앙인의 모습을 벗어버리시길 바랍니다. 믿음으로 담대하게 행동하는 참 신앙인이 되길 소망합니다.

여러분은 무엇을 위해 살고 있습니까? '이렇게 살면 안 되는데….' 하며 후회하고 있지는 않습니까? '내가 더 의미 있는 삶을 살아야지!'하며 다짐만 하고 살고 있지는 않습니까? 구세군(Salvation Army) 창시자 윌리엄 부스(William Booth)라는 사람이 있습니다. 그가 열심히 복음을 전하며 다니던 중 어느 날 몸이 좋지 않아 병원에 갑니다. "이

대로 가면 일 년을 못 넘깁니다. 더 이상 전도하러 다니지 마십시오." 의사는 건강이 좋지 않다며 장거리를 이동하며 복음 전하는 것을 그만하라고 권유합니다. 부스는 굉장히 두려웠습니다. 그리고 어떻게 하면 좋을지 고민하며 기도합니다. "어차피 죽음은 피할 수 없으니 받아들이자. 생명은 주님께 있다." 윌리엄 부스는 생명의 주관자 되시는 주님께 자신의 삶을 맡기며, 언제든 다가올 죽음을 받아들이기로 합니다. 윌리엄 부스는 84세까지 건강하게 복음을 전하다 소천하였습니다. 그가 훗날 이런 고백을 하였다고 합니다. "내가 젊었을 때 의사가 나를 버렸습니다. 그래서 나도 의사를 버렸습니다. 대신 나는 하나님만 의지했습니다. 그리고 그 하나님이 나를 지켜주셨습니다."

하나님께 맡겼더니 하나님이 자신을 살려주셨다는 것입니다. 여러분 윌리엄 부스의 이야기를 잘못 적용하여 의사를 버리지는 마십시오. 병원도 가고, 치료도 받으며, 약도 먹어야 합니다. 그리고 내 할 일을 하는 겁니다. 하나님은 의사도 하나님의 도구로 사용하십니다. 의사를 통해 하나님께서 돌보아 주실 것이라는 믿음으로 행하면 됩니다. 중요한 것은 우리가 살고 죽는 것이 하나님의 손에 있다는 것을 믿으라는 것입니다. 우리의 사명을 잘 먹고 잘사는 것에 두지 말고, 하나님의 뜻을 묻고 행하는 것에 두어야 합니다. 주님의 뜻이면 이것도 하고, 저것도 하며, 맡겨진 어떤 일이든 기쁨으로 행해야 합니다. 이것이 삶의 이유입니다. 여러분은 무엇을 위해 살고 있습니까?

내일 일을 너희가 알지 못하는도다 너희 생명이 무엇이냐 너희는 잠깐 보이다가 없어지는 안개니라 (약 4:14)

잠깐 보이다가 사라지는 안개 같은 것이 인간입니다. 인간이 놀라운 과학기술을 이루고, 높은 건물을 세우며, 우주를 여행하는 일을 한다 해도, 해가 뜨면 사라지는 안개 같은 존재입니다. 금방 사라진다는 것이죠. 잠시 있다가 사라지는 안개같이 허무하고 연약한 인생인데 의미 있는 삶을 살아야 하지 않겠습니까! 하나님은 우리가 구원받은 존재로 안주하여 그 자리에만 머물길 원치 않으십니다. 우리를 향한 하나님의 사명을 감당하길 원하십니다. 삶의 이유가 있다는 것입니다.

주변을 돌아보십시오. 하나님께서 내게 맡겨 주신 영혼들이 있을 것입니다. 가족일 수도 있고, 직장 동료일 수도 있으며, 오가며 만나는 이웃일 수도 있습니다. 복음이 전해지길 기다리는 영혼들입니다. 우리가 이 땅에 존재하는 이유는 우리의 삶, 우리의 직업을 통해 그들을 예수 그리스도께로 인도하는 것입니다. 그를 위해 하나님이 우리를 부르셨다는 것입니다. 우리는 잠깐 있다가 사라지는 존재입니다. 우리는 예수 그리스도를 위한 일을 해야 합니다. 삶의 목적대로 살아야 합니다. 자신의 만족을 위해 살아가지 마십시오. 높은 자리에 오르고 성공하는 것도 중요하지만 그것만을 쫓아가면 우리의 삶은 허무의 계곡으로 떨어지게 될 것입니다. "헛되고 헛되며 헛되도다." 헛된 것을 좇아가는 어리석은 자가 아니라, 작은 일이라도 예수 그리스도를 위한 일들을 기쁨으로 찾아 행하는 자가 되길 소망합니다.

> "한 번뿐인 인생 속히 지나가리라. 그리스도를 위한 일만이 영원하리라."

가슴에 새기십시오. 짧은 내 인생 무엇을 위해 살 것인가? 성공의 산에 오르는 것에서 끝나면 안 됩니다. 두 번째 산, 의미 있는 삶을 살아야 합니다. 그리스도를 위한 일만이 영원합니다. 나를 부르신 주님의 음성을 듣고, 그 일을 감사함으로 행하는 성도가 되길 축복합니다.

08
최고의 삶 vs 최선의 삶

빌 3:13-14, 딤후 4:7-8

13 형제들아 나는 아직 내가 잡은 줄로 여기지 아니하고 오직 한 일 즉 뒤에 있는 것은 잊어버리고 앞에 있는 것을 잡으려고

14 푯대를 향하여 그리스도 예수 안에서 하나님이 위에서 부르신 부름의 상을 위하여 달려가노라

7 나는 선한 싸움을 싸우고 나의 달려갈 길을 마치고 믿음을 지켰으니

8 이제 후로는 나를 위하여 의의 면류관이 예비되었으므로 주 곧 의로우신 재판장이 그 날에 내게 주실 것이며 내게만 아니라 주의 나타나심을 사모하는 모든 자에게도니라

승진(昇進)이란 벼슬이나 직위가 낮은 데에서 높은 데로 옮겨가는 것을 말합니다. 승진 욕심이 없는 사람이 있을까요? 요즘 세대는 승진보다는 일과 삶의 균형이 있는 워라벨(Work and Life Balance)을 추구

한다고 합니다. 승진을 위해 매일 아침 바쁘게 출근했다 저녁 늦게 퇴근하는 직장인도, 워라밸을 위해 안정된 수익처를 찾는 이들도 모두 피 말리는 전쟁 같은 삶을 살아가고 있습니다. 복잡한 현대사회에서 어떤 태도로 사는 것이 하나님께 영광이 되고 우리 자신에게도 복이 될까요?

본향을 그리워하며

오츠 슈이치(大津秀一)는 삶의 끝자락에 있는 말기암 환자들을 돌보는 호스피스 병동의 의사입니다. 그는 천 명이 넘는 환자들을 돌보면서 『죽을 때 후회하는 스물다섯 가지』 책을 집필합니다. 죽음이 가까이 오면 사람의 본심이 나옵니다. 그의 책 스물다섯 가지 후회 중에 열두 번째 후회는 '고향을 찾아가 보았더라면'입니다. 죽음을 앞둔 한 할머니의 이야기입니다. 아마 할머니는 자주 고향을 가보지 못했던 것 같습니다. 그런데 자기의 남은 삶이 한 달이 채 되지 않는데도 고향을 가고자 합니다. 침대에 누워 있기도 힘겨운 할머니가 고향을 다녀오는 것은 무리라며 의사들이 만류합니다. 하지만 남은 시간을 후회하지 않도록 고향을 찾아갑니다. 고향에 간 할머니는 친척들과 가족들을 만나고, 할머니의 어머니가 묻힌 산소에도 올라갑니다. 어머니의 산소 앞에서 하염없이 눈물을 흘리며 지난 추억들을 가족들과 이야기하고 하루 해가 저물 때 병원으로 돌아옵니다. 그런데 놀라운 일이 벌어졌습니다. 한 달도 남지 않아 곧 마지막 인사를 할 것 같았던 할머니가 건강해지기 시작합니다. 고향을 다녀온 후에는 얼굴이 환히 밝아지고 두 달이 가고, 석 달이 지나갑니다. 할머니는 그렇게 무려 일 년을 더 가족들 곁에 머물다 하늘나라로 가셨습니다. 이 할머니가 어떻게 일 년을 더 살 수 있었을까요? 바로 고향의 힘입니다.

> 나의 살던 고향은 꽃 피는 산골 복숭아 꽃 살구 꽃 아기 진달래
> 울긋불긋 꽃 대궐 차린 동네 그 속에서 놀던 때가 그립습니다
> 꽃 동네 새 동네 나의 옛 고향 파란 들 남쪽에서 바람이 불면
> 냇가에 수양버들 춤추는 동네 그 속에서 놀던 때가 그립습니다
> (동요, 고향의 봄)

인간의 마음에는 고향을 향한 그리움이 있습니다. 사람은 누구든지 태어나고 자란 고향이 그립습니다. 사람의 본능 속에 집을 향한 그리움이 숨겨져 있는 것이죠.

> 그들이 이제는 더 나은 본향을 사모하니 곧 하늘에 있는 것이라 이러므로 하나님이 그들의 하나님이라 일컬음 받으심을 부끄러워하지 아니하시고 그들을 위하여 한 성을 예비하셨느니라 (히 11:16)

인간은 육신의 고향을 그리워하다 마침내는 영원한 고향을 그리워합니다. 지금까지는 고향 집을 그리워했지만, 이제 삶의 끝자락이 되면 영원한 집을 소망하게 됩니다. 육신으로는 가본 적이 없지만, 영혼은 이미 알고 있는 더 나은 본향을 사모하는 것이지요. '곧 하늘에 있는 것이라.' 하나님은 사람들을 위해 우리의 육신의 장막이 무너질 때 영원한 본향을 꿈꾸게 하고 그곳을 향해 가도록 인도하십니다. 영원한 본향 집에는 하나님께서 우리를 위해 예비하신 성이 있습니다. 바로 아름다운 새 예루살렘, 천국입니다.

하지만 영원한 본향을 가기까지 우리는 이곳, 현실에서 우리에게 맡겨진 하루를 잘 감당하며 살아야 합니다. 이 땅이기에 어려운 일도 만나고 힘든 일도 만납니다. 하지만 좋은 사람도 만나고 함께 마음을 나누고 믿음을 나눌 수 있는 공동체도 만납니다. 웃고 우는 상황도 만나기에 이 땅에서의 삶이 힘들다고 합니다. 하지만 우리의 참 행복과 불행을 좌우하게 하는 것은 상황이 아니라 인생을 향한 태도입니다. 어떤 태도로 살아가야 할까요? 최고의 삶과 최선의 삶 중 어떤 태도로 살아가느냐에 따라 행복하기도 하고 불행하기도 합니다.

1등이 아니고 끝까지

"우리 인생은 선착순이 아닙니다." 제가 청소년 사역을 할 때 생각했던 말입니다. 10대 청소년들의 인생 최고의 목표는 바로 좋은 대학에 가는 것입니다. 그런데 한 번에 좋은 대학에 진학하는 아이도 있지만 재수하는 아이도 있습니다. 재수만 하면 좋은데 삼수도 하고 사수도 합니다. 진학으로 힘들어하는 아이들에게 "인생은 선착순이 아니야. 대학에 1년 먼저 들어간다고 성공하는 법은 없어."라고 위로하였습니다. 제 마음과 같은 이야기를 담은 영화가 있습니다. 바로 〈행복은 성적순이 아니잖아요〉입니다. 영화 속 주인공 은주는 전교 1등을 할 만큼 공부를 잘합니다. 하지만 은주는 부모님 때문에 성적에 대한 집착이 강하고 강박에 시달립니다. 그러던 어느 날 자신을 짝사랑하는 봉구의 순수한 열정에 마음이 흔들린 은주는 갑갑한 현실을 탈출해 친구들과 시간을 보냅니다. 다시 현실로 돌아온 은주는 성적이 그만 6등으로 떨어지더니, 결국 32등까지 떨어지고 말았습니다. 엄마의 싸늘한 눈초리가 무서웠던 은주는 결국 견디지 못하고 투신하여 생명을 끝냅니다. 은주가 다니던 학교 교실에는 꽃 한 송이가 놓여있습니다. 은주의 시신을 실은 영구차가 학교 운동장을 돌 때, 교실에 있던 아이들은 창밖을 내다보며 눈물을 흘립니다.

"난 1등 같은 것은 싫은데…. 앉아서 공부만 하는 그런 학생은 싫은데…. 난 꿈이 따로 있는데…. 난 친구가 필요한데…. 이 모든 것은 엄마가 싫어하는 것이지."

은주의 유서입니다. 당시 이 영화가 상영되던 극장에 가면 은주를 보며 자기 일처럼 우는 아이들을 볼 수 있었습니다. 지금은 교육 현장이 많이 달라졌다고 하나 아직도 성적이 가지고 있는 무게는 무시할 수 없습니다. 최고만 상 받는 세상, 최고의 삶을 추구하는 시대의 모습은 계속 진화하여 우리 삶을 옥죄고 있습니다. 누군가 최고가 되기 위해서는 상대가 있어야 합니다. 그 상대를 꺾고 이겨 짓밟고 올라서야만 '최고'로 칭송받을 수 있습니다. 이런 경쟁에는 피 흘림이 있기에 승자와 패자 모두 괴롭습니다. 세상의 원리가 그렇습니다. 최고는 화려해 보입니다. 많은 사람의 박수를 받으며 모든 사람을 위에서 내려다볼 수 있습니다. 그런데 힘이 듭니다. 왜냐하면 최고의 자리는 언제나 바뀔 수 있기 때문입니다.

> 또 너희가 내 이름으로 말미암아 모든 사람에게 미움을 받을 것이나 끝까지 견디는 자는 구원을 얻으리라(마 10:22)

최고가 되는 것보다 중요한 것은 '끝까지' 가야 합니다. '1등이 아니고 끝까지', '선착순이 아니고 마지막까지' 머물러야 합니다. 중간에 1등을 하는 것이 중요한 것이 아니라 끝까지 완주하는 자세가 필요합니다. 그러면 구원을 얻습니다.

> 나는 선한 싸움을 싸우고 나의 달려갈 길을 마치고 믿음을 지켰으니 이제 후로는 나를 위하여 의의 면류관이 예비되었으므로 주 곧

> 의로우신 재판장이 그 날에 내게 주실 것이며 내게만 아니라 주의 나타나심을 사모하는 모든 자에게도니라(딤후 4:7-8)

바울은 디모데에게 유언을 남깁니다. 평생 예수 그리스도를 전하던 바울이 이제 죽음을 눈앞에 두게 되었습니다. 자신의 인생을 돌아보며 '나의 달려갈 길'을 마쳤다고 합니다. 다른 사람의 길이 아니라 자신의 길을 이야기합니다. 그리고 자신의 싸움은 남들과 치열하게 싸우는 경쟁의 길이 아니라 자기 스스로와 싸움이었다고 말합니다. 바울은 달려갈 길을 마치며 믿음을 지켰다고, 이제 자신을 위하여 의의 면류관이 준비되었다고 말합니다. 세상은 1등에게 선착순으로 상을 주지만, 하나님 나라는 자기에게 맡겨진 길을 완주하는 누구에게나 주님의 상급이 준비되어 있다는 것입니다. 이것이 하나님 나라의 법칙입니다. 세상은 우리에게 최고가 되라고 하지만 하나님은 최선을 다해 살라고 하십니다.

최고가 아니라 최선

예수님께서 헌금함을 바라보며 앉아 무리가 어떻게 헌금하는가를 보셨습니다. 부자는 많이 넣는데 가난한 과부는 두 렙돈을 넣습니다. 예수님은 이 모습을 보시고 "내가 참으로 너희에게 말하노니 이 가난한 과부가 다른 모든 사람보다 많이 넣었도다."라고 말씀하셨습니다.

부자는 풍족한 중에 헌금하였고, 과부는 가난한 중에서도 전부를 낸 것입니다. 부자의 체면치레 헌금보다 가난한 과부의 전부를 하나님이 기억하신다는 것입니다. 과부의 헌금은 아주 적은 액수였지만 최선을 다해 올려드린 헌금이었습니다. 하나님은 그 모습을 귀히 보십니다. 우리가 만족하는 인생을 살고 싶다면 최고의 삶이 아니라 최선의 삶을 살아야 합니다. 최선의 삶을 사는 그 자체가 행복입니다.

최고와 최선은 차이가 있습니다. '최고'는 말 그대로 가장 좋은 것을 의미합니다. 하지만 '최선'은 내게 좋은 것입니다. 최고는 세상을 좇아가는 삶이지만, 최선은 자기를 아름답게 가꾸는 삶을 의미합니다. 길을 걷다 보면 누가 심지 않았는데도 아름답게 핀 꽃을 보게 됩니다. 꽃들은 저마다의 색깔과 향기가 있습니다. 산에 있던지, 강에 있던지, 남의 집 담벼락에 있던지, 누가 보던지 상관없이 자신만의 색깔로 자기의 향기를 내며 피어 있습니다. 그런데 세상 모든 꽃이 같은 색깔과 같은 모양으로 향기를 낸다면 아무도 좋아하지 않을 겁니다. 다양한 꽃들이 어우러져서 세상을 아름답게 합니다. 이처럼 하나님도 우리가 이 땅에서 자신만의 색깔로, 자신만의 향기로 아름답게 성장하길 원하십니다. 그렇게 자기 모습으로 최선을 다해 살라고 말씀하십니다.

하나님 품에 안길 때까지 우리는 잘 견디고 가야 합니다. 끝까지 가야 합니다. 특별히 신앙생활에서는 끝까지 가는 것이 중요합니다.

중간에 이런저런 핑계로 그만두어서는 안 됩니다. 우리가 달려갈 길을 마치면 거기에 주님이 상급을 준비하십니다. 최고의 삶도 아름답겠지만 참된 행복이 없습니다. 그러니 최고를 좇기보다는 하나님이 원하시는 최선의 삶을 살라는 것입니다. 최선의 삶은 선물 같은 오늘 하루를, 내게 주어진 오늘 이 하루에 집중하며 살아가는 겁니다. '오늘'은 하나님께서 우리에게 주신 최고의 선물입니다. 선물이라는 사실에 감격하고 감사하며 하루를 살라는 것입니다. 이것이 최선의 삶을 사는 사람의 모습입니다. 대단한 일을 구상하기보다 오늘 하루 기뻐하고 즐거워하며 집중해서 살아가는 거죠.

오래전 읽었던 수필 중에 『재회』라는 책이 있습니다. 수란이라는 평범한 주부의 이야기입니다. 보통의 사람처럼 결혼하여 아이 낳고 가정주부로 살아가던 수란은 어느 날 여고 동창회에 참석합니다. 오랜만에 만난 친구들과 여고생으로 돌아간 듯 이야기를 나누던 중 학창 시절 인기 많았던 오빠 이야기가 나왔습니다. "수란아, 너 그때 그 오빠 좋아했잖아! 그 오빠도 너 기억하고 있던데 오빠 소식 알려줄까?" 친구의 이야기를 듣자 옛날 첫사랑에 빠졌던 오빠 모습이 떠올랐습니다. 잘생긴 외모에 하모니카를 불던 모습을 보며 친구와 함께 설렜던 기억입니다. 오빠 소식을 들은 수란은 몇 번의 고민 끝에 오빠에게 전화를 겁니다. 수화기 너머로 들리는 오빠 목소리는 옛날 '아, 목동아'를 불러주던 그 목소리였습니다. 두근거리는 마음으로 옛날이야기를 주고받다 어느 날 만나기로 합니다. 만날 약속을 한 그 날부터 어떤 옷을 입고 갈지 옷장을 열었다 닫았다, 하루에도 여러 번 고민하며 설레하는 여고생이 되었습니다.

약속 장소인 찻집 창가에서 하모니카를 불던 잘생긴 오빠를 상상하며 행복하게 앉아 오빠를 기다립니다. 드디어 오빠가 나타났습니다. 그런데 옛날 그 오빠가 아닙니다. 세월이 얼마나 흘렀는지 머리는 벗겨지고 배는 볼록 튀어나온 아저씨였습니다. 옛날 그 오빠의 모습은 어디에도 찾아볼 수 없었습니다. 속으로 얼마나 실망했는지 표현은 못 하고 건성으로 대답하다 빨리 헤어져 집으로 돌아갑니다. 그리고 집으로 돌아가는 길에 저녁 반찬거리를 사며 "오늘은 된장국이나 끓여 먹어야겠다." 중얼거리면서 수필은 마칩니다. 설레던 마음이 싹 사라지고 저녁 찬거리가 걱정됩니다.

첫사랑은 마음에 잔향을 많이 남깁니다. 그래서 이루지 못한 첫사랑을 애틋하게 그리워하기도 합니다. 첫사랑은 성숙한 사랑을 위한 리허설에 불과하다고 생각하십시오. 가장 중요한 사람은 흘러간 첫사랑이 아니라 지금 내 곁에 있는 사람입니다. 현재, 오늘에 집중하는 것이 최선의 삶을 사는 사람의 모습입니다.

잊어버리고

형제들아 나는 아직 내가 잡은 줄로 여기지 아니하고 오직 한 일 즉

뒤에 있는 것은 잊어버리고 앞에 있는 것을 잡으려고 (빌 3:13)

지나온 과거는 잊어야 합니다. 사도 바울이 말한 '뒤에 있는 것'은 자신이 예수님을 믿기 전에 행했던 부끄러운 과거를 이야기합니다. 그것을 잊어버리고 앞에 있는 것을 잡으려 한다는 것입니다. 사람들은 '잊어버린다'라는 것이 기억에서 '제해버린다'라는 뜻으로 이해합니다. 그래서 힘들어하는 사람에게 위로한다며 "잊어버려."라고 말합니다. 그런데 잊어버릴 수 없습니다. 정상적인 사람은 잊을 수가 없어요. 잊히지 않습니다. 지우개로 지우는 것처럼 지워지면 좋겠지만 그럴 수 없습니다. '뒤에 있는 것을 내 기억에서 잘라버리라.'고 말해도 잘리지 않습니다. 더 생각나면 생각났지, 잘릴 수 없습니다. 바울이 말한 '잊어버린다'라는 것은 더 나은 오늘로 지난 과거를 덮는 것을 의미합니다. 주어진 오늘 하루에 집중함으로, 지난날을 잊게 만드는 것입니다. 이것이 반복되면 지난날에 아팠던 순간도, 씻을 수 없을 것 같던 상처도 모두 지울 수 있습니다. 지난날의 나쁜 기억을 오늘의 감사와 기쁨으로 잊어버리는 것입니다.

요셉의 인생은 고난의 연속이었습니다. 요즘 말로 하면 상처가 많은 사람입니다. 믿었던 가족에게 배신당하고, 충성스럽게 일했더니 모함당하는 등 억울함을 이야기하자면 세계 1등일 것입니다. 꽃다운 나이에 형들에게 미움을 받아 낯선 이방 땅으로 팔려갑니다. 그런데 요셉은 원망하고 복수의 칼을 갈면서 '두고 보자.' 이렇게 살지 않았습니다. 주어진 하루하루에 집중하며 살았습니다. 그리고 자기가 만나는 모든 사람에게 최선을 다합니다. 그랬더니 점점 인정받습니다. 물론 이후에도 모함을 당해 왕궁 감옥에 갇히게 됩니다. 그렇지만 요셉은 분노로 자기 삶을 망치지 않았습니다. 그곳에서도 자신에게 맡겨진 일에 최선을 다하고 때가 되어 총리까지 오르게 됩니다. 요셉이 어떻게 그런 삶을 살 수 있었을까요?

> 그런즉 나를 이리로 보낸 이는 당신들이 아니요 하나님이시라 하나님이 나를 바로에게 아버지로 삼으시고 그 온 집의 주로 삼으시며 애굽 온 땅의 통치자로 삼으셨나이다 (창 45:8)

자신을 팔아버린 형들 앞에서 요셉은 담담하게 말합니다. "나를 이리로 보낸 이는 당신들이 아니요, 하나님이십니다." 가뭄과 기근으로 곡식을 구하러 온 형들에게 요셉은 총리가 되어서 말합니다. 자신들을 벌할까 두려워하는 형들에게 요셉은 과거의 상처로 대하지 않습니다. 요셉은 자신이 이곳에 오게 된 것을 하나님의 섭리로 받아들였습니다. 형들이 자신을 팔았지만, 하나님이 보내신 것이라고 말합니다. 지난 아픈 날들을 하나님의 승리로 해석하니, 아픈 것이 아니라 오히려 감사의 감정이 되는 것입니다.

지난날을 잊어버린다는 것은 쉽지 않습니다. 기억에서 제하여버리는 것은 어려운 일입니다. 특히 나쁜 기억은 더욱 오래 남아 마음을 괴롭히고 오늘을 힘들게 합니다. 하지만 지난날에 매이지 마십시오. 오히려 적극적으로 오늘을 살아가십시오. 지난날은 되돌릴 수 없습니다. 생각하면 할수록 지난날의 아픔과 슬픔은 우리를 옥죄입니다. 아무리 '이렇게 했더라면, 저렇게 했더라면….' 생각하고 후회해도 그렇게 되돌릴 수 없습니다. 대신 선물 같은 오늘 이 하루에 집중하며 내가 만나는 사람마다 최선을 다해 살아가십시오. 오늘을 감사로 살아가는 것이 최선의 삶이고, 하나님이 기뻐하시는 삶이며, 나의 색깔과 향기로 나 자신을, 우리 모두를 행복하게 하는 삶입니다.

푯대를 향해

카를 힐티(Carl Hilty)는 스위스의 사상가이자 법률가입니다. 변호사에서 법학 교수로 나중에는 정치도 하며 직업을 여러 번 바꿨지만 자기 자신의 직업관은 '그리스도인으로 자기의 삶을 살았다.'라는 분명한 고백이 있습니다. 그의 저서『잠 못 드는 밤을 위하여』에서 자기 삶을 이렇게 이야기합니다. "나는 직업을 여러 번 바꿨지만 살아갈 이유를 살아냈던 사람이다." 어떤 일을 하는지가 중요한 것이 아니라 자기 삶의 이유대로 살았던 사람입니다. 그는 인생에서 가장 행복한 날은 자신에게 주어진 사명을 발견하는 날이라고 말하였습니다. 자신이 왜 살아야 하는지, 무엇 때문에 살아야 하는지를 발견하는 그날은 행복한 시간이라는 것입니다.

　우리의 직업은 다양하고 각양 다른 모습으로 살아갑니다. 그러나 어떤 직업이든지 무슨 일을 하는지가 중요하지 않습니다. 이와 상관없이 그 직업을 통해서 그리스도인으로 살고, 삶의 이유대로 산다는 것이 중요합니다. 그것이 하나님께 복이 되고 우리 모두에게도 행복인 줄 믿으시길 바랍니다. 예수 믿는 모든 사람에게는 사명이 있습니다. 예수를 믿고 하나님의 자녀가 되었다는 그 말은 사명이 있다는 것입니다.

> 푯대를 향하여 그리스도 예수 안에서 하나님이 위에서 부르신 부름의 상을 위하여 달려가노라 (빌 3:14)

　푯대는 목표로 삼아 세우는 대를 말합니다. '푯대를 향하여'라는 말은 자기 삶의 목표가 정해졌다는 것입니다. 성도의 푯대는 예수 그리스도입니다. 우리를 위해 죽으시고 부활하셨으며 다시 오실 예수 그리스도가 우리 삶의 이유입니다. 그 부름의 상을 받기 위하여 집중하며 달려가야 합니다.

　저의 신학대학원 졸업 논문은 청소년이 하나님을 어떻게 알고, 예수 그리스도를 어떻게 구주로 영접하는지에 관한 내용입니다. 연구 자료 조사와 함께 설문조사를 하면서 발견한 사실이 있습니다. 우리나라에 예수님을 구주로 믿는 사람들 85%가 20세 이전에 예수님을 믿었다는 사실입니다. 20세 이후에 예수님을 구주로 받아들인 사람은 15%밖에 되지 않았습니다. 20세 이전에 예수님을 믿은 85%의 성도 중에서 82%는 주일학교를 통해 예수님을 믿었다고 합니다. 그러니까 주일학교에서 예수님을 안 믿으면 예수님을 믿을 확률은 18%밖에 되지 않습니다. 그래서 기성세대의 사명은 무엇보다 우리의 다음 세대가 예수님을 알도록 노력해야 합니다. 예수님을 소개하고 자기의 구주로 받아들이도록 기도하며 전해야 합니다.

> 이제 후로는 나를 위하여 의의 면류관이 예비되었으므로 주 곧 의로우신 재판장이 그 날에 내게 주실 것이며 내게만 아니라 주의 나타나심을 사모하는 모든 자에게도니라(딤후 4:8)

푯대를 향해 열심히 달려간 이에게 예비 된 것은 무엇입니까? 끝까지 완주한 자에게 주시는 상은 무엇입니까? 바로 하나님이 준비하신 면류관입니다. 선착순으로 들어온 몇 사람에게 주는 것이 아니라, 중간에 반짝 1등 한 사람에게 주는 것이 아니라, 끝까지 견디며 푯대를 향하여 달려간 그 사람에게 상을 준비했다는 것입니다. 바울은 자신에게만 아니라 '주의 나타나심을 사모하는 모든 자'에게 면류관이 준비되었다고 합니다. 자신이 특별해서 이 면류관을 받는 것이 아니라 푯대를 향해 끝까지 완주한 모두가 받을 수 있다고 합니다. 주님의 의의 면류관, 생명의 면류관, 해의 면류관, 별의 면류관을 받게 될 것이라고 합니다.

최선을 다하는 삶으로 만족하며 하나님의 은혜를 누리시기 바랍니다. 1등 하려고 애쓰다 오늘의 행복을 잃어버리지 마시고, 선착순이라 착각하며 달려가다 기쁨을 잊어버리지도 마십시오. 남들이 가는 길에 신경 쓰지 말고, 우리는 우리 갈 길을 가면 되는 것입니다. 우리 한 사람, 한 사람에게 주신 향기와 색깔로 살아가는 것, 그것이 하나님께 영광이 되고 우리 자신에게 복이 됩니다. 최선을 다하는 사람들의 행복은 이와 같습니다.

> 근심하는 자 같으나 항상 기뻐하고 가난한 자 같으나 많은 사람을 부요하게 하고 아무 것도 없는 자 같으나 모든 것을 가진 자로다(고후 6:10)

1등도 아니고 최고도 아니지만, 또한 겉으로 보기에는 근심한 자 같고, 가난한 자 같지만, 우리는 항상 기뻐할 수 있고 모든 것을 가진 자로 살아갈 수 있습니다. 이 말씀 앞에 자신의 이름을 붙여 보십시오.

> OOO는 근심한 자 같지만 항상 기뻐하고 OOO는 가난한 자 같지만 많은 사람을 부요하게 하고 OOO는 아무것도 없는 자 같으나 모든 것을 가진 자로다

이것이 예수님을 믿는 사람의 모습이고, 최선을 다하는 모습입니다. 비록 더딜지라도 꾸준하게 끝까지 걸어가십시오. 푯대를 향하여, 삶의 목적을 분명히 알고 오늘에 집중하며 살아가십시오. 이는 느린 것 같지만 분명한 인생을 사는 것입니다. 이 기쁨과 행복을 누리시기를 예수님의 이름으로 축복합니다.

09
삶이 곤고할 때, 큰 그림을 보라

행 27:18-26

18 우리가 풍랑으로 심히 애쓰다가 이튿날 사공들이 짐을 바다에 풀어 버리고

19 사흘째 되는 날에 배의 기구를 그들의 손으로 내버리니라

20 여러 날 동안 해도 별도 보이지 아니하고 큰 풍랑이 그대로 있으매 구원의 여망마저 없어졌더라

21 여러 사람이 오래 먹지 못하였으매 바울이 가운데 서서 말하되 여러분이여 내 말을 듣고 그레데에서 떠나지 아니하여 이 타격과 손상을 면하였더라면 좋을 뻔하였느니라

22 내가 너희를 권하노니 이제는 안심하라 너희 중 아무도 생명에는 아무런 손상이 없겠고 오직 배뿐이리라

23 내가 속한 바 곧 내가 섬기는 하나님의 사자가 어제 밤에 내 곁에 서서 말하되

24 바울아 두려워하지 말라 네가 가이사 앞에 서야 하겠고 또 하나님께서 너와 함께 항해하는 자를 다 네게 주셨다 하였으니

25 그러므로 여러분이여 안심하라 나는 내게 말씀하신 그대로 되리
라고 하나님을 믿노라

26 그런즉 우리가 반드시 한 섬에 걸리리라 하더라

    우리 인생을 등산에 비유할 때가 있습니다. 산을 오를 때 얼마나 숨이 찹니까? 지금이라도 멈춰 서서 내려가고 싶습니다. 다리는 아프고, 땀은 송골송골 맺히고, 숨은 헐떡거립니다. 등산을 왜 왔을까 후회하기도 합니다. 그런데 정상에 도착하여 산 아래를 바라볼 때 이 모든 후회가 한 번에 사라집니다. 지금까지의 고통이 한순간에 사라지는 것 같습니다. 가슴이 뻥 뚫리고 "이 맛에 등산하지." 말하며 다음번 등산 일정을 잡습니다. 우리 인생도 그렇습니다. 힘들고 어려워도 산에 올라가서 삶의 큰 그림을 보게 되면 보람을 느낍니다. 인생이 곤고하고 힘들 때 우리는 큰 그림을 보아야 합니다. 어렵고 불확실한 미래에 답답할 때 당장 앞에 보이는 작은 일에 연연하지 말고, 넓게 보아야 합니다. 넓게 볼 때 자기 자신을 객관적으로 바라보게 되고, 그 문제가 아무것도 아닌 것을 깨닫게 됩니다. 우리 앞에 넘어야 할 산뿐만 아니라 이런저런 어려움도 그와 같다는 것입니다.

    2년 넘게 코로나19로 인하여 모두가 어려움을 겪고 있습니다. 마스크를 착용하는 것은 이제 일상이 되었고, 공동체 생활은 최대한 피해야 하는 일이 되어버렸습니다. 코로나19로 인해 많은 사람이 주저앉아버렸는데 특히 신앙에서도 주저앉은 사람들이 많습니다. 그런

데 오히려 이전보다 빛나는 믿음을 가진 사람들도 있습니다. 온라인으로 예배하는 것이 마음이 안 차서 더욱 교회를 사모하고 예배하는 일을 사모하여 더 힘찬 믿음을 소유한 사람입니다. 우리 인생에서 무척 시고 쓴 레몬과 같은 어려움이 올 때가 있습니다. 어떤 사람은 시고 쓴 레몬 때문에 주저앉아 불평하고 원망하겠지만, 어떤 사람은 그 레몬으로 에이드를 만들어 나눌 수도 있다는 것입니다. 인생에 고난을 만나지 않으면 좋겠지만 고난의 파도는 모든 이들에게 몰아칩니다. 우리 인생 항로 가운데 어떤 형태의 고난의 파도가 몰아치던지, 주저앉지 말고 더 빛나는 축복으로 만드는 성도가 되길 소망합니다.

예기치 않게 찾아오는 고난

사도행전 27장은 배를 타고 항해하는 사람들의 이야기를 자세히 기록하고 있습니다. 사도 바울이 3차전도 여행을 마치고 예루살렘으로 올라옵니다. 예루살렘 유대인들은 바울을 고소하였고 이내 바울은 옥에 갇히게 됩니다. 바울은 로마 시민권을 가졌기에 자신은 로마 황제에게 재판을 받겠다고 주장합니다. 바울은 이제 죄수의 신분으로 가이사 황제가 있는 로마까지 압송되어 갑니다.

로마로 가는 그 배에 탄 사람은 모두 276명입니다. 성경에 이렇게 인원까지 기록한 것은 그 배가 작은 배가 아닌, 큰 배였음을 보여주는 것입니다. 많은 사람이 배에 탔는데 그 사람들을 분류하면 네 종류로 나눌 수 있습니다. 첫 번째는 바울과 그의 일행입니다. 죄수가 되어 로마 황제 가이사에게 재판받기 위해 갑니다. 겉으로는 보잘것없는 죄수지만 복음을 전하기 위해 로마로 압송되어 가는 중입니다. 두 번째 부류는 죄수들입니다. 바울처럼 죄수의 신분이지만 말 그대로 자기 죄 때문에 재판을 받기 위해 배에 올랐습니다. 세 번째 부류의 사람은 죄수를 호송하는 책임을 맡은 백부장과 군인들입니다. 아무런 사고 없이 죄수들을 로마 법정까지 호송하는 것이 목적입니다. 마지막으로 배의 선주와 배를 운항하는 뱃사람들입니다. 같은 배를 타고 같은 장소를 향해 가고 있지만, 모두의 목적이 달랐습니다. 이것이 우리 인생입니다. 2022년 3월 기준 하남시의 인구는 32만 명입니다. 32만 명의 인구가 하남이라는 땅에서 같은 2022년을 살지만, 모두의 삶의 목적이 다릅니다. 여러분은 지금 어떤 목적으로 이 시대의 배를 타고 계십니까? 우리 삶의 이유는 무엇입니까?

바울을 실은 배가 출항합니다. 바울은 직감적으로 이 배가 큰 어려움을 당하겠다는 것을 느꼈습니다. "이 배가 지금 출항하는 것은 좋지 않습니다. 지금 가는 것은 어려울 것 같으니 여기서 좀 더 머물다 겨울이 지나면 갑시다." 그러나 어느 누구도 바울의 말을 듣지 않습니다. 죄수를 호송하는 백부장도 배를 노련하게 운항하는 뱃사람들도 듣지 않습니다. 오히려 남풍이 불어 배는 순항하는 듯 보입니다. 사람들은 자기들의 계획대로 되리라고 생각했습니다.

> 얼마 안 되어 섬 가운데로부터 유라굴로라는 광풍이 크게 일어나
> 니 배가 밀려 바람을 맞추어 갈 수 없어 가는 대로 두고 쫓겨가다가
> (행 27:14-15)

그런데 갑자기 '유라굴로'라고 부르는 폭풍이 불어옵니다. 배는 폭풍에 휘말려 바람을 거슬러 조금도 앞으로 나아가지를 못합니다. 매서운 풍랑에 배가 흔들리고 뒤집힐 것 같은 어려움을 당한 것입니다. 그들은 앞으로 가려는 노력을 포기하고 바람이 부는 대로 배를 내맡기고 표류하기 시작합니다. 우리 인생도 사람마다 모양은 다르지만, 고난이라는 풍랑이 우리의 뱃전을 위협합니다. 우리 힘으로는 도저히 감당할 수 없는 위협들이 우리를 공격합니다.

고난의 원인

고난의 파도로 인하여 평안하던 날들이 갑자기 흔들리고 휘청거립니다. 우리 삶에 닥쳐오는 고난이라는 풍랑은 특징이 있습니다. 첫째, 사람을 가리지 않습니다. 누구에게나 고난의 풍랑이 몰아칩니다. 둘째, 예기치 못한 시간에 찾아옵니다. 미리 알고 있다면 대비라도 할 텐데, 어느 날 갑자기 휘몰아칩니다. 난데없이 닥친 풍랑에 배가 뒤집힐 것 같아 두렵습니다.

> 선악을 알게 하는 나무의 열매는 먹지 말라 네가 먹는 날에는 반드
> 시 죽으리라 하시니라 (창 2:17)

그렇다면 누구에게나 예기치 못하게 찾아오는 고난의 풍랑은 왜 생기는 걸까요? 삶의 여정 가운데 발생 되는 고난의 근원적 원인은 바로 '죄'입니다. 하나님께서 아담에게 동산에 있는 모든 열매를 맘껏 즐기라고 하셨습니다. 다만 동산 중앙에 있는 선악을 알게 하는 나무의 열매만은 먹지 말라고 하시며 이를 먹으면 반드시 죽을 것이라고 경고도 하셨습니다. 그런데 아담은 하나님의 말씀을 듣지 않고 열매를 먹고 맙니다. 뱀의 꼬임이 있고 하와의 권유가 있어도 분명 하나님의 말씀을 신뢰하며 먹지 말아야 했었습니다. 하지만 아담은 선악을 알게 하는 열매를 먹었고, 하나님과 인간의 관계는 깨져 버렸습니다. 우리 인생에 고난이 들어온 것입니다. 남자는 평생토록 수고하여야 땅에서 나는 것을 먹을 수 있게 되었고, 여자는 해산의 고통을 갖게 되었으며, 땅은 저주를 받아 가시와 엉겅퀴를 내게 되었습니다.

걱정하며 고민하고 두렵게 만드는 삶의 고난은 무엇보다 하나님과의 관계 속에서 해석되어야 합니다. 하나님의 아들 예수님은 이 문제를 해결하기 위하여 죽으시고 부활하셨습니다. 우리는 이 고난의 문제를 예수님을 믿는 믿음 안에서 해결할 수 있습니다. 그래서 오늘 풍랑을 만나고 고통을 당할 때 무엇보다 주님과 나 사이의 관계를 생각해 보아야 합니다. 하나님 앞에 내가 어떤 죄를 범했는지 회개하며

나아가야 합니다.

두 번째는 '왜 풍랑이 오는가?' 하는 것입니다. 가장 근본적인 것은 죄 때문입니다. 우리의 잘못된 선택이나 결정 때문에 풍랑을 만나게 됩니다.

> 백부장이 선장과 선주의 말을 바울의 말보다 더 믿더라 (행 27:11)

바울이 라새아 시에서 가까운 미항에 머물며 겨울을 보낸 후 출항하자고 할 때, 누구도 바울의 말을 주의 깊게 듣지 않았습니다. 백부장은 당연히 선장과 선주의 말에 귀를 더 기울였습니다. 그들은 뱃사람이고 배의 전문가들이기 때문입니다. 바울은 지금 사슬에 묶여 있는 죄수지만 선장과 선주는 오랫동안 바다를 다닌 뱃사람으로 그들의 말은 더 신뢰감을 줍니다. 백부장은 바울의 말을 무시하고, 선장과 선주의 의견을 받들어 다시금 출항합니다. 하지만 얼마 지나지 않아 태풍을 만나게 된 것이죠. 전문가인 선장과 선주의 말을 듣고 갔는데 큰 풍랑을 만난 것입니다. 우리가 어떤 일을 선택할 때 하나님의 뜻보다도 합리적인 생각, 인간적인 경험, 전문가의 조언 등에 우선순위를 둘 때가 있습니다. 하나님보다 전문가의 목소리가 더 크게 들린 것입니다. 하나님과 상관없이 자기 스스로 결정한 것이지요. 그러나 곧 전문가들도 예측하지 못한 큰 풍랑을 만나게 됩니다.

세 번째는 '왜 풍랑을 만나느냐?'라는 질문입니다. 잘못된 선택을 한 것도 아닌데 이유 없이 풍랑을 만날 때가 있습니다. 뜻 모를 어려움을 만날 수도 있습니다. 그런데 정말 다행스러운 것은 우리 인생 여정에서 만나는 모든 문제에는 답이 있다는 것입니다. 세상 사람의 눈에는 이유도 없고, 뜻도 모를 어려움이겠지만 성도는 답을 찾을 수 있습니다. "모든 문제에는 답이 있다." 답이 없는 문제가 없습니다. 지금 당장 이해되지 않고 해석되지 않을 뿐이지 답은 있습니다. 인생의 모든 문제에 답이 있다는 것을 알면 두려움과 불안의 고통에서 일어날 여유가 생깁니다.

> 우리가 풍랑으로 심히 애쓰다가 이튿날 사공들이 짐을 바다에 풀어 버리고(행 27:18)

풍랑을 만난 사람들은 심히 애쓰다가 이튿날 짐을 모두 바다에 버립니다. 문제를 해결해 보려고 엄청나게 노력했지만 결국 짐을 바다에 버리는 방법밖에 없었다는 것이죠. 그런데 그것으로도 문제는 해결되지 않았습니다. 사흘째에는 배의 장비를 자신이 손으로 포기합니다. 살아야 하니까 발버둥 치는 것이죠. 하지만 며칠이 지나도록 해도 보지 못하고, 별도 보이지 않습니다. 바람은 계속 거세게 불어옵니다. 결국 살아남을 수 있다는 희망을 모두 포기하고 말았습니다. 여러 방법을 모색했지만 큰 풍랑은 그대로 있습니다. '이제 다 죽는 것이구나.' 구원의 여망마저 없어집니다. 아끼는 모든 것을 버리고, 두손 두발 들었는데도 해결되지 않습니다.

고난을 이겨내는 방법

세상 사람들은 어려움을 당하면 이를 이겨내려고 노력합니다. 일반적으로 사용하는 방법의 첫 번째는 '대비 효과'라는 것이 있습니다. 대비 효과는 두 개를 비교하는 것입니다. 비교를 통해 차이를 찾아냅니다. 어려운 상황에 부닥치면 그 상황보다 더 험난한 상황이 있음을 인정하는 것입니다. 내가 겪은 어려움보다 더 지독한 어려움이 있다고 인정하면 마음에 여유가 생깁니다. 그래서 의도적으로 자신이 생각하고 대비하는 그 대상을 과장합니다. 더 크게 과장하여 이를 직면한 후에, 그 문제에서 벗어나는 심리치료 기법입니다. 예를 들어 누군가 찾아와 고민을 이야기하며 도움을 요청합니다. "나는 사람 앞에만 서면 손이 떨려요. 손이 떨리니 직장생활을 할 수도 없고 사회생활을 하기에도 겁이 나요." 대부분 손이 떨려서 고민이라고 말하는 이에게 "긴장하지 말고 마음을 편안하게 가지면 괜찮아질 거예요."라고 조언할 것입니다. 하지만 이는 궁극적인 해결 방법이 아닙니다.

『죽음의 수용소에서』의 저자 빅터 프랭클(Viktor E. Frankl)은 유대인 정신과 의사입니다. 그는 실제로 악독한 아우슈비츠 수용소에서 살아남은 생존자입니다. 그는 대비 효과 기술을 사용하여 사람을 치료합니다. 똑같이 손을 떠는 환자가 찾아옵니다. 빅터 프랭클은 그에게 편안한 마음을 가지라는 말 대신에 함께 손 떨기 시합을 하자고 합니다. "아니 선생님도 손을 떠십니까?" 평소에는 떨지 않지만, 마음만 먹으면 얼마든지 뜰 수 있다고 말하며 생뚱맞게 두 사람은 손 떨기 시합을 합니다. "아이고, 힘들어서 못 떨겠습니다." 한참 손을 떨던 내담자는 자신보다 더 심한 경우를 경험하면서 자신의 문제를 객관적으로 바라보기 시작합니다. '아, 나만 괴로운 것이 아니구나! 나만 이런 것이 아니구나!' 생각하며 마음의 여유가 생깁니다.

욥은 하루아침에 인생 가운데 가장 어려운 순간을 맞이합니다. 가진 재산을 모두 잃고, 무엇보다 사랑하는 자녀들마저 모두 죽습니다. 한순간에 열 명의 자녀가 목숨을 잃었습니다. 욥은 너무나 고통스러워하며 자기 옷을 찢고 머리를 삭발하고 땅에 엎드립니다.

> 욥이 일어나 겉옷을 찢고 머리털을 밀고 땅에 엎드려 예배하며(욥 1:20)

그런데 욥은 땅에 엎드린 후, 예배합니다. 엎드려서 한탄하는 것이 아니라, 삿대질하며 하나님을 원망하는 것이 아니라, 하나님 앞으로 나아갑니다. 하나님께 예배하는 것입니다.

> 이르되 내가 모태에서 알몸으로 나왔사온즉 또한 알몸이 그리로 돌아가올지라 주신 이도 여호와시요 거두신 이도 여호와시오니 여호와의 이름이 찬송을 받으실지니이다 하고 (욥 1:21)

욥은 자기가 세상에 처음 태어났을 때와 지금을 대비합니다. "내 어머니 태에서 벌거벗은 채로 나왔으니, 벌거벗은 채로 그곳으로 돌아갈 것입니다." 알몸으로 이 땅에 태어났고 아무것도 없었던 때를 회상합니다. 그날을 대비하면서 고통스러운 상황들을 이겨내는 것입니다. 가장 힘든 순간 아무것도 없었던 그때를 생각하면 오늘의 이 고통은 아무것도 아니라는 것이죠.

어려움을 해결하는 두 번째 방법은 지나온 날을 돌아보는 것입니다.

> 형통한 날에는 기뻐하고 곤고한 날에는 되돌아 보아라 이 두 가지를 하나님이 병행하게 하사 사람이 그의 장래 일을 능히 헤아려 알지 못하게 하셨느니라 (전 7:14)

높은 산에 올라가 산 아래를 내려다보듯 지난날들을 회상하는 것입니다. 지난 시간을 돌아보니 자기 자신이 객관화됩니다. 형통한 날에는 기뻐하고, 재앙의 날에는 살펴보는 것입니다. 돌아보니 삶의 굽

이굽이 기가 막힌 어려움이 있었습니다. 그런데 그때를 생각해 보니 그때도 버티며 살았는데, 그때도 견뎠는데, 오늘을 못 살 이유가 없다는 것입니다. 지난날과 오늘을 대비하면 아무것도 아니라는 것입니다. 지난날을 회상하면 오늘을 살아갈 힘이 생깁니다.

> 내 영혼아 여호와를 송축하며 그의 모든 은택을 잊지 말지어다(시 103:2)

그리고 무엇보다 삶의 모든 순간마다 나와 함께 하셨던 하나님을 기억하는 것입니다. 하나님의 은혜를 잊어버리니 오늘이 고통스러웠던 것입니다. 그 모든 은택을 기억하면 오늘 이것도 충분히 이길 수 있다는 의미입니다. 기억하면 여유가 생깁니다. 그런데 성도는 기억하면 여유도 생기고 해답도 찾을 수 있습니다. 세상 사람은 기억을 통해 어려움을 잠시 피해 갈 뿐이지만, 성도는 한 걸음 더 나아가 인생의 답을 찾게 됩니다. 바로 우리 모든 걸음이 하나님께 있다는 것입니다. "인생 명답은 하나님께 있다." 모든 문제에는 답이 있는데, 그 답을 뛰어넘는 명답이 하나님께 있다는 것이지요.

하나님의 뜻

오늘날 많은 뉴스가 쏟아져 나옵니다. 각종 매체를 통해서 검증되지 않은 기사가 우리의 눈과 귀를 더럽히고 있습니다. 사건의 사실만 알려주면 좋은데 모든 기사는 그 매체의 관점에 따라 작성된 기록물입니다. 그래서 매체마다 논조를 다르게 해석하여 기술하기에 자칫 편향된 생각을 가질 수도 있습니다. 우리는 뉴스를 접할 때 그 속에 숨겨진 진실이 무엇인지를 찾는 훈련이 필요합니다. 우리 인생도 마찬가지입니다. 겉으로 보이는 '사실' 뿐 아니라, 그 속의 '진실'을 보아야 합니다. 진실, 바로 하나님의 뜻을 찾아야 합니다. 바울은 겉으로 보기에는 죄수의 몸으로 재판을 받기 위해 로마로 가는 중입니다. 아직 실형은 선고받지 않았지만 누가 봐도 그는 죄수의 몸입니다. 그런데 그게 다가 아니지요. 사실 속에 있는 진실에는 하나님의 뜻이 있습니다.

> 그 날 밤에 주께서 바울 곁에 서서 이르시되 담대하라 네가 예루살렘에서 나의 일을 증언한 것 같이 로마에서도 증언하여야 하리라 하시니라(행 23:11)

바울이 죄수의 신분으로 로마로 압송되어 가는 것은 겉으로 드러난 것이고, 실제는 당시 세계의 심장부라 불리던 로마에 예수 그리스도의 죽음과 부활에 관한 복음을 전하기 위한 것입니다. 그래서 지금 바울은 볼품없는 죄수의 몸으로 로마에 가는 것입니다. 이것이 하나님의 뜻입니다. 이것이 하나님의 큰 그림입니다. 사람의 눈으로는 알 수 없지만, 그 속에 숨겨진 하나님의 계획, 진실이 있는 것입니다.

『잘살지는 못해도 쪽팔리게 살지는 말자』라는 책이 있습니다. 그 속에 담긴 이야기입니다. 미국 사람, 프랑스 사람 그리고 유대인이 감옥에 들어갑니다. 3년의 형을 선고받고 감옥살이를 하게 되었습니다. 교도관은 그들에게 선심 쓰듯 3년 동안 감옥에서 살 테니, 자신이 한 가지 소원을 들어주겠다고 합니다. 미국 사람은 늘 피우던 담배를 공급해달라고 합니다. 프랑스 사람은 낭만을 좋아하는 사람으로 멋진 미인과 함께 감옥 생활을 하게 해달라고 합니다. 마지막으로 유대인이 말합니다. "나는 내 방에 전화 한 통을 넣어주세요." 교도관은 이들의 소원을 들어줍니다. 그리고 3년의 세월이 지나고 만기 출소하는 날이 되었습니다. 미국 사람은 담배를 너무 피워서 콧구멍이 새까맣게 되었다고 합니다. 프랑스 사람은 아기 둘과 임신한 여인과 나왔다고 합니다. 유대인은 어떻게 나왔을까요? 자신은 감옥 안에 있었지만, 바깥세상과 소통할 수 있는 전화 덕분에 회사를 경영할 수 있었다고 감사를 전했다고 합니다.

우리가 어려움이라는 감옥에 갇히면, 올바르게 판단할 만한 정신이 들지 않습니다. 그러나 아무리 어려워도 하나님과 연결되어 있어야 합니다. 사람들은 어려움에 당하면 당장 하나님부터 끊어버립니다. "하나님이 계신 거야? 하나님이 계신다면 도대체 나에게 왜 이러시는 거야!" 기도하지 않고, 예배하지 않습니다. 어둠 속에 갇혀 분노만 쏟을 뿐입니다. 점점 더 힘든 어려움 속으로 빠져들게 됩니다. 하지만 성도는 힘들고 괴로울수록 더욱 하나님과 연결되어 있어야 합니다. 그래야 살길이 생깁니다.

> 나는 포도나무요 너희는 가지라 그가 내 안에, 내가 그 안에 거하면 사람이 열매를 많이 맺나니 나를 떠나서는 너희가 아무 것도 할 수 없음이라 (요 15:5)

하나님과 연결되는 것을 어렵게 생각하지 마십시오. 주님께 붙어 있다는 것은 단순합니다. 예수님은 포도나무이시고, 우리는 가지입니다. 가지는 당연하게 나무에 붙어 있어야 열매를 맺습니다. 교회는 주님의 몸입니다. 주님의 몸 된 교회에 붙어 있기를 바랍니다. 그래야 살 수 있습니다. 교회로 오십시오. 함께 예배하고 기도합시다. 주님의 손을 붙잡고 있어야 살길이 생깁니다.

> 그러므로 여러분이여 안심하라 나는 내게 말씀하신 그대로 되리라고 하나님을 믿노라 (행 27:25)

배의 짐을 모두 버리고, 장비마저 버렸지만, 풍랑은 가시지 않았습니다. 몇 날 며칠 해와 달도 보이지 않고 모두가 살아남을 수 있다는 희망마저 버린 그때 바울은 사람들을 격려하며 용기를 내라고 말합니다. 이 배를 잃을 뿐, 한 사람의 목숨도 잃지 않을 것이라고 말합니다. 바울은 하나님의 뜻을 알고 있었습니다. 하나님은 바울 자신이 반드시 가이사 황제 앞에 서게 될 것과 항해하는 모든 사람의 목숨을 맡겨 주신 것을 알았습니다.

"바울아 안심하라." 하나님께서 바울에게 두려워하지 말고 안심하라 말씀하셨습니다. 그리고 바울은 배에 함께 탄 사람들에게 "그러므로 여러분이여 안심하라."라고 말합니다. '안심하다.'라는 말은 의학적인 용어입니다. 의사 앞에 서게 되면 큰 병에 걸리지는 않았는지 마음이 불안합니다. 검사를 받고 결과를 듣기 전, 불안한 마음으로 의사의 입을 쳐다봅니다. "안심하십시오. 괜찮습니다." 이 말을 듣는 순간 얼마나 마음에 위로가 됩니까! 지금 바울이 그렇게 이야기하고 있는 것입니다.

사랑하는 여러분, 여러분은 하나님께 사랑받는 사람이기에 안심하시기 바랍니다. 죽을 일 없습니다. 하나님이 우리에게 은혜를 베푸십니다. 안심하십시오. 그리고 하나님을 믿으십시오. 하나님의 선하심과 인자하심을 받은 우리입니다. 누구보다 우리를 너무나 잘 아시는 그분이 우리에게 "안심하라. 사랑하는 내 아들아, 사랑하는 내 딸아 안심하라. 내가 너와 함께 있다."라고 말씀하십니다. 그 하나님을 믿으시기 바랍니다. 그러면 우리 인생을 모조리 집어삼킬 큰 고난과 풍랑이 와도 안심할 수 있습니다. 그분이 살아계시기 때문입니다. 끝까지 주님만 붙잡고 승리하시길 기도합니다.

Part 3
다시, 새로운 기회

하나님은 우리가 성공할 것을 요구하지 않는다.
우리가 노력할 것을 요구할 뿐이다.

by 마더 테레사 (Theresa, Agnes Gonxha Bojaxhiu)

10

당신은 다시
시작할 수 있다

계 2:1-7

1 에베소 교회의 사자에게 편지하라 오른손에 있는 일곱 별을 붙잡고 일곱 금 촛대 사이를 거니시는 이가 이르시되

2 내가 네 행위와 수고와 네 인내를 알고 또 악한 자들을 용납하지 아니한 것과 자칭 사도라 하되 아닌 자들을 시험하여 그의 거짓된 것을 네가 드러낸 것과

3 또 네가 참고 내 이름을 위하여 견디고 게으르지 아니한 것을 아노라

4 그러나 너를 책망할 것이 있나니 너의 처음 사랑을 버렸느니라

5 그러므로 어디서 떨어졌는지를 생각하고 회개하여 처음 행위를 가지라 만일 그리하지 아니하고 회개하지 아니하면 내가 네게 가서 네 촛대를 그 자리에서 옮기리라

6 오직 네게 이것이 있으니 네가 니골라 당의 행위를 미워하는도다 나도 이것을 미워하노라

7 귀 있는 자는 성령이 교회들에게 하시는 말씀을 들을지어다 이기

는 그에게는 내가 하나님의 낙원에 있는 생명나무의 열매를 주어
먹게 하리라

우리말에는 거듭하고 되풀이한다는 의미의 '다시'와 '또'가 있습니다. 비슷한 것 같은데 뉘앙스가 다릅니다. 길을 잘못 들었을 때는 출발점으로 '다시' 돌아가 시작하면 됩니다. '다시'는 '방법이나 방향을 새로이 고쳐'라는 의미가 담겨 있습니다. 그런데 '또'는 '어떤 일을 거듭하여'란 뜻입니다. 그래서 제 나름대로 '다시'는 선한 행동을 촉구할 때 사용하는 단어이고, '또'는 부정적인 행동을 반복할 때 사용하는 단어로 두 단어의 차이를 해석해 봅니다.

사사기에 반복되어 나오는 단어가 있습니다. 바로 '또'입니다. "이스라엘 자손이 또 여호와의 목전에 악을 행하니라(삿 3:12, 4:1, 6:1)." '또' 악을 행하고, 또 악을 행하며, 또 악한 길로 갑니다. 그런데 하나님은 우리에게 '다시'라는 기회를 주셨습니다. '다시'의 은혜를 주신 주님을 찬양합니다.

졸업을 영어로 표현하면 'commencement'와 'graduation'이라는 단어가 있습니다. 그런데 'commencement'의 원뜻은 '시작'에서 나왔습니다. 학교 과정은 모두 마쳤지만, 끝이 아니라 이제 사회에 나가서 새로운 시작을 한다는 의미이죠. 12월은 한 해의 끝자락입니다. 그런데 끝이기도 하지만 사실은 새로운 시작을 위한 날이기도 합니다. 12월을 끝이라는 의미보다 새로운 시작을 준비하는 달로 맞이하십시오.

우리에게는 시작이 정말로 중요합니다. 모든 일에는 시작이 있습니다. 시작해야 도착할 수 있고, 시작해야 결과를 얻을 수 있습니다. 그래서 우리 삶에 진정한 용기는 '시작하는 것'입니다. 그런데 시작할 수 있는 용기는 아무나 가지지 못합니다. '나는 다시 시작할 수 있다.'라는 생각이 있어야 시작할 수 있습니다. '나는 다시 시작할 수 있다.'라고 생각하는 사람과 '나는 뭘 할 수 있을까? 아무것도 할 수 있는 게 없어.'라고 생각하는 사람은 삶 자체가 다릅니다. 삶의 궤적이 크게 차이가 납니다. 그래서 우리는 '나는 다시 시작할 수 있어.'라는 생각을 품어야 합니다.

말 속에 능력이 있다

『뜨겁게 나를 응원하다』라는 책이 있습니다. 저자는 두 사람을 비교하여 설명합니다. 한 사람은 양심이 바르고 착하며, 아주 열심히 사는 것 같은데 늘 불행합니다. 다른 한 사람은 착하지도 않고 열심히 사는 것 같지도 않은데 하는 일마다 잘 되고 자신감과 확신에 차서 살아갑니다. 이 두 사람의 차이는 무엇일까요? 열심히 살았거나 혹은 열심히 살지 않아서 차이가 난 것이 아닙니다. 두 사람의 큰 차이는 바로 '생각'의 차이였습니다. 살면서 '사는 대로 생각하는 사람'이 있고 '생각하고 사는 사람'이 있습니다. 이 두 생각의 차이가 삶의 내용을 갈라놓는다는 것입니다. 우리가 '나는 다시 시작할 수 있어.'

라는 생각으로 일을 하면 일 자체가 다른 의미로 다가옵니다. "나는 다시 시작할 수 있어!" 이 말 속에 성공이 있습니다.

『당신의 말 속에 성공이 있다』라는 책이 있습니다. 책 제목이 기가 막히지만, 사실이라는 겁니다. 우리가 상대방의 말을 듣다 보면 그 사람의 삶을 전해 듣습니다. 그 사람의 논리나 사상, 사고방식이 그의 말 속에 모두 담겨 있습니다. 상대방의 말이 그 사람을 대변하고 있는 것이죠. 그래서 우리가 말하는 것이 중요하고, 어떤 말을 하느냐에 따라 삶이 달라진다는 겁니다. 우리가 하는 말 속에 성공이 있습니다.

미국 위스콘신주의 한 신경외과 의사가 '언어치료법'을 개발하였습니다. 그는 환자에게 하루에 15분씩 '정신 운동(mental exercise)'을 시킵니다. 이 정신 운동은 15분 동안 같은 말을 반복하는 훈련입니다. 어느 고혈압 환자를 예로 들어보겠습니다. 혈압이 높은 환자에게 "나는 혈압이 80에서 120이다."라고 반복하여 말하게 합니다. 실제로는 혈압이 무척 높은데 15분 동안 자신은 정상혈압이라고 반복하여 말하는 것입니다. 그 환자가 자기가 말하는 것을 이해하든 못하든 상관이 없다고 합니다. 그런데 신기하게도 그의 몸은 그의 말을 듣고, 그의 말에 순종하게 된다고 합니다. 감정은 우리 몸에 영향을 미치는데, 말로 감정을 만들어 갑니다. 그렇기에 "당신의 말 속에 성공이 있다."라는 말은 틀림없는 사실입니다. 말 속에 인생이 들어있기 때문에 우리 삶을 바꾸려면 말을 바꿔야 합니다.

> 내게 능력 주시는 자 안에서 내가 모든 것을 할 수 있느니라(빌 4:13)

그렇다면 어떤 말을 해야 할까요? "내가 모든 것을 할 수 있어."라고 말하면 정말 많은 일을 이룰 수 있습니다. 그런데 전제 조건이 있습니다. 바로 '내게 능력 주시는 자 안에서'입니다. "내 삶 속에서 나는 모든 것을 할 수 있어. 내게 하나님이 은혜를 주시면 모든 것을 할 수 있어."라는 생각을 품고 말을 하는 사람은 무엇이든지 할 수 있습니다. 반대로 "나는 아무것도 아니야. 나는 할 수 있는 것이 없어."라고 말하는 사람은 정말 아무것도 할 수 없죠. 그래서 틈만 나면 우리의 인생을 향하여 믿음과 승리의 말을 선포해야 합니다. 믿음의 선포가 우리의 삶을 아름답게 만들어가기 때문에 그렇습니다. 말로 우리 내면세계에 승리의 씨앗을 심을 수 있습니다. 불평하고 분노하는 말, 절망하는 말, 주저앉는 말은 하지 말고, "내게 능력 주시는 자 안에서 내가 모든 것을 할 수 있다."라고 외치십시오. 그렇게 외칠 때 우리는 다시 시작할 수 있는 것입니다.

시작의 첫걸음

다시 시작하기 위한 첫걸음은 무엇일까요? 요한계시록 2장에는 에베소 교회를 향한 말씀이 기록되어 있습니다. 에베소 교회는 장점이 참 많은 교회였습니다. 수고와 인내가 있었으며, 악한 자들을 그대로 두지 않고 밝혀내기도 하였습니다. 주님을 위한 고난을 참으며 낙심하지 않고 잘 견뎌 준 교회입니다. 그런데도 한 가지 단점이 있습니다. 우리 생각에는 한 가지 단점 정도는 넘어가도 될 것 같은데, 주님은 기꺼이 드러내어 말씀하십니다. 왜냐하면 앞선 모든 것을 잘하는 것보다 더 중요한 것이 있기 때문입니다. 이 단점이 그대로 있으면 안 된다는 것입니다. '다 잘해도 이것이 빠지면 안 돼.'라는 의미입니다.

> 그러나 너를 책망할 것이 있나니 너의 처음 사랑을 버렸느니라(계 2:4)

에베소 교회의 단점은 바로 '처음 사랑'을 버린 것입니다. 주님을 사랑했던 그 첫사랑을 버리니 나머지를 잘 해도, 신앙 자체가 허물어져 간다는 의미입니다. 다른 좋은 행위도 많지만, 정말 중요한 한 가지를 잃어버렸다는 사실입니다. 뜨겁게 예수 그리스도를 사랑했던 교회가 첫사랑을 잃어버린 모습을 보며 우리도 우리 삶을 점검해 볼 필요가 있습니다. "난 열심히 살았는데, 정말 중요한 뭔가를 잃어버린 것은 없을까?" "내가 무엇을 잃어버렸지?" 자신의 삶을 돌아볼 필요가 있는 것입니다. 우리의 삶을 점검해보아야 합니다. 성경은 거울이기에 성경을 읽으면 우리 자신을 살펴볼 수 있습니다. 그래서 말씀을 보며 우리 자신을 읽는 것입니다. 말씀으로 나를 보고, 기도로 길을 물어가야 합니다. 이런 사람이 정말 지혜로운 자입니다.

처음 사랑을 잃어버렸다는 말은 바로 '믿음'을 잃어버린 것입니다. 믿음은 우리 삶에 가장 중요한 것입니다. 모든 것을 다 이루었다 할지라도, 믿음을 잃어버리면 아무것도 아닌 것이 됩니다. 엄청난 부를 이루고, 성공하며, 대단한 일을 했다 할지라도 믿음을 잃어버리면 우리 존재는 하나님 앞에서 아무것도 아닌 것이 됩니다. 믿음이 흔들리면 인생 자체가 흔들립니다. 그래서 성경은 우리에게 믿음이 금보다 더 귀하다고 말합니다. 금이 보배가 아니라 믿음이 참 보배라는 것입니다. 우리 삶의 가장 중요한 믿음을 잃어버리고 모든 것을 성취한다 할지라도 이는 헛되고 헛된 인생일 뿐입니다. 의미 없다는 말입니다. 그래서 다시 시작하기 위한 첫걸음은 바로 믿음을 점검하는 것입니다.

하나님은 믿음의 자녀들이 이 땅에서 복되고 형통한 삶을 살도록 세 가지 선물을 주셨습니다. 첫 번째가 성경이고, 두 번째는 교회입니다. 그리고 마지막으로 목회자입니다.

> 에베소 교회의 사자에게 편지하라 오른손에 있는 일곱 별을 붙잡고 일곱 금 촛대 사이를 거니시는 이가 이르시되(계2:1)

일곱 별은 일곱 교회의 사자들, 즉 목회자입니다. 일곱 금 촛대는 일곱 교회를 상징합니다. 우리 믿음이 건강한지, 믿음이 살아있는지를 점검하는 시금석은 교회입니다. 하나님의 교회에 대한 우리 마음의 태도를 보면 알 수 있습니다. 스스로 교회에 대해 어떤 마음으로 대하고 있는지를 보면 믿음을 점검할 수 있다는 말입니다.

금요 저녁 OTN 예배를 드리고 집에서 쉼을 가졌습니다. 깊은 잠이 들었는데 꿈을 꾸게 되었습니다. 꿈속에서 강원도에 있는 '예수원'이라는 기도원에 가게 되었습니다. 예약하지 않고 갔더니 들어갈 방이 없었습니다. 저처럼 온 사람들이 제법 있었는데, 방을 배정받지 못해서 골목에서 서성거리고 있었습니다. 그런데 사람들이 갑자기 바닥에 드러눕기 시작합니다. 왜 눕냐고 물었더니 들은 척도 하지 않고 죽은 척을 하는 것이었습니다. 왜 그러냐며 계속 물었더니 그제야 곰이 나타났다고 말합니다. 어릴 적 곰이 나타나면 죽은 척하면 사라진다는 말이 있었습니다. 잠시 후에 정말 큰 곰이 나타났습니다. 저도 재빨리 누워 죽은 척을 했습니다. 목사가 믿음 없이, "주여!"해야 하는데 드러누워 죽은 척하며 빨리 지나가기만을 기다렸습니다. 그런데 그 곰이 사람들을 지나가다 제 옆으로 다가오는 것이었습니다. 그러더니 벌러덩 제 옆에 눕습니다. 곰의 털이 제 몸에 닿을 만큼 가까워지자 깜짝 놀라 그만 잠에서 깼습니다. 꿈이니 얼마나 다행입니까! 곰이 정말로 제 곁에 다가와 벌러덩 누웠다면 아마 저는 여러분과 함께 말씀을 나누지 못했을 것입니다.

　매체를 통해 혹은 안전한 사파리투어 차량에서 야생 동물을 보면 신기하고 즐겁습니다. 멀리서 바라보니 동물들의 사냥도 흥미롭게만 보입니다. 서로 물고 뜯고 서열 싸움을 하는 것도 재미있는 동물의 세계라 이야기하며 즐길 수 있습니다. 하지만 그 상황이 바로 옆에서 벌어지는 일이라면 전혀 다른 경험이 될 것입니다. 현장에서 경험하는 것은 다르다는 것입니다.

　코로나19 이전에는 교회 본당에 예배하는 성도들로 가득 찼습니다. 그런데 지금은 거리 두기를 하고 앉아도 빈자리가 많습니다. 교회에 대한 우리 생각이 달라졌다는 의미입니다. 다른 말로 우리가 찾아야 할 믿음이 희미해졌다는 것입니다. 성전에서 함께 예배하고 찬양할 때 우리는 온몸으로 예배합니다. 온몸으로 하나님의 임재를 경험하게 됩니다. 그런데 집에서 TV나 조그마한 핸드폰으로 예배하는 것은 매체를 통해 동물의 왕국을 보는 것과 같습니다. 감동이 없습니다.

　　그러므로 어디서 떨어졌는지를 생각하고 회개하여 처음 행위를 가지라 만일 그리하지 아니하고 회개하지 아니하면 내가 네게 가서 네 촛대를 그 자리에서 옮기리라 (계 2:5)

　이전에 우리가 예수님을 어떻게 사랑했는지 그때를 돌이켜 보라고 말씀하십니다. 어디서 잘못되었는지 생각하고, 회개하여, 예전처럼 행하라고 하십니다. 만일 예전처럼 첫사랑을, 처음 행위를 회복하지 아니하면 '내가 네 촛대를 그 자리에서 옮겨버리겠다.'라고 경고하십니다. 교회의 영광과 사명을 옮기시겠다는 뜻입니다. 교회가 건물만 있다고 교회가 아니라는 것입니다. 그냥 지나칠 수 없는 무서운 말씀입니다. 주님은 기다리고 계십니다. 언제까지 모니터 앞에서 예배하고 있을 겁니까? 우리의 신앙생활을 되돌아보아 어디에서 떨어졌는지를 살피고 회개하며 나아가야 합니다.

어떤 술 취한 사람이 골목 가로등 밑에서 무언가를 열심히 찾고 있었습니다. 지나가던 사람이 무엇을 찾고 있는지 물었더니 지갑을 잃어버렸다고 합니다. 그래서 어디에서 잃어버렸는지 묻자, "저 골목에서 잃어버렸습니다."라고 대답합니다. 골목에서 잃어버린 지갑을 다른 장소에서 찾고 있는 것입니다. 저 골목이 너무 어두워서 밝은 곳으로 나와 이곳에서 지갑을 찾는 중이라고 합니다. 잃어버린 물건은 잃어버린 장소에서 찾아야 합니다. 세상의 모든 것들은 잃어버린 자리에 가야 찾을 수 있습니다. 골목 안에서 잃어버렸다면 골목 안으로 가야 합니다. 찻집에서 핸드폰을 잃어버렸다면 그 찻집을 가야 찾을 수 있습니다. 그런데 우리가 믿음을 잃은 곳은 모두 다 다릅니다. 사람마다 다르다는 것이지요. 어떤 사람은 주말 등산이 너무 즐거워, 또 어떤 사람은 골프가 너무 재미있어서, 친구들과 시간을 보내느라, 가족 여행을 떠나느라 등등 다양한 이유로 믿음을 잃어버립니다. 그렇다고 믿음을 잃어버린 곳으로 가서는 안 됩니다. 우리가 가야 할 곳은 바로 교회입니다. 교회에서 믿음을 찾는다는 것은, 골목에서 잃어버려도 불빛 아래에서 찾는 것을 말합니다. 우리 삶 중심에는 예배가 있고, 예배하는 공동체, 교회가 있어야 합니다. 우리는 예배로부터 시작할 수 있습니다. 에베소 교회의 교훈을 기억하며 첫사랑을 회복해야 합니다. 우리 삶에서 예배를 얼마나 소중히 여기고 참여하며 예배자로 살아가는지를 점검해야 합니다. 우리의 믿음을 점검해보아야 합니다.

예배에 열정을 품는 자

> 내가 네 행위를 아노니 네가 차지도 아니하고 뜨겁지도 아니하도다 네가 차든지 뜨겁든지 하기를 원하노라(계 3:15)

라오디게아 교회는 요한계시록에 기록된 일곱 교회 중 칭찬이 없었던 교회입니다. 라오디게아 교회를 향하여 "네가 차지도 않고 덥지도 않으니, 미지근하여 어느 쪽도 아니니, 내가 너를 내 입에서 뱉어내겠다."라고 하십니다.

> 네가 말하기를 나는 부자라 부요하여 부족한 것이 없다 하나 네 곤고한 것과 가련한 것과 가난한 것과 눈 먼 것과 벌거벗은 것을 알지 못하는도다(계 3:17)

라오디게아 교회 성도들은 스스로 부자라고 생각하였습니다. 그래서 부족함을 전혀 느끼지 못했습니다. 그곳은 농사와 목축이 성행했고 부드럽고 윤기 있는 검은 양털의 산지로 유명했습니다. 또한 교통의 요충지일 뿐만 아니라 금융 도시로서 풍요로운 생활을 누렸습니다. 라오디게아 교회는 내부적으로나 외부적으로 아주 '편안한' 교회였습니다. 그런데 이것이 문제라는 말입니다. 부유하며 부족한 것이 없는 것처럼 느끼겠지만 실제로는 불쌍하고, 비참하며, 가난하고, 눈멀고, 벌거벗은 자라고 하십니다. 라오디게아 교회 가운데 예배의 열정이 없는 것입니다. 믿음의 열정이 사라진 것입니다.

스티브 잡스(Steve Jobs)가 스탠퍼드 대학에서 졸업연설을 하였습니다. 미국 명문대학 스탠퍼드의 모든 학업 과정을 마치고 졸업하는 엘리트 학생들 앞에서 그는 아주 유명한 말을 남겼습니다. "Stay hungry, Stay foolish." 스탠퍼드 대학 졸업생이라는 자부심이 가득한 학생들 앞에서, "아직도 배고픈 것처럼, 아직도 지혜가 부족한 것처럼 살라."라고 이야기 한 것입니다. 다른 말로 낮은 자세로 살라는 것이지요. 배고픈 정신에서 열정이 나옵니다. 그리고 이 열정은 낮은 자세에서 나옵니다. 라오디게아 교회는 배부른 교회였습니다. 그래서 주님을 향한 열정을 잃어버린 것입니다.

우리나라는 열정이 불타는 나라였습니다. 전쟁으로 무너진 나라를 살리기 위해, 외환위기를 극복하기 위해 동분서주 뛰어다니며 열심히 일하는 나라였습니다. 2교대, 3교대를 불사하며 나라 경제를 살리고자 애썼습니다. 그런데 언제부터가 좀 살만하게 되고, 배가 불러오면서 열정이 사라졌습니다. 주 6일의 근무는 5일로 줄었고, 이제는 4일 근무가 적정하다는 이야기가 나옵니다. 기술의 발달, 자동화 시스템의 도입 등으로 여가를 가지는 것은 좋은 일이나, 힘겨웠던 불굴의 정신은 아쉽게도 사라져 버린 것이죠.

> 한밤중에 바울과 실라가 기도하고 하나님을 찬송하매 죄수들이 듣더라 (행 16:25)

바울과 실라가 기도하며 찬양합니다. 지금 바울과 실라는 감옥에 갇힌 상태입니다. 복음을 전하다 매를 맞고 깊은 감옥에 갇히게 되었습니다. 온몸에 맞은 상처도 힘든데 발에는 쇠고랑이 채워져 있습니다. 나쁜 일을 하다 감옥에 갇힌 것이 아닙니다. 예수님을 위하여, 복음을 전하다가 감옥에 갇힌 것입니다. 그런데 왜 하나님은 돌보아 주시지 않는지 원망과 불평을 해도 모자랄 판에 바울과 실라는 기도하며 찬양하고 있습니다. 그러자 갑자기 땅이 흔들립니다. 그들을 감금했던 창살이 흔들리기 시작합니다. 지진이 나고 옥터가 움직이면서 바울과 실라뿐만 아니라 그곳에 갇힌 죄수들을 묶었던 사슬이 모두 끊어졌습니다. 정말 기적이 벌어진 것입니다. 이 일을 통해 간수와 간수의 가족들은 복음을 듣게 되었습니다. 예수님의 살아계심을 경험하게 되었습니다.

바울과 실라가 매를 맞고 가장 깊은 감옥에 갇혀 매여 있는데도 절망하지 않고 좌절하지 않으며 분노하지 않았던 이유는 무엇일까요? 어떻게 바울과 실라는 인생의 가장 밑바닥과 같은 그곳에서 기도하며 찬양할 수 있었을까요? 어디에서 그런 힘이 나왔을까요?

> 우리가 살아도 주를 위하여 살고 죽어도 주를 위하여 죽나니 그러므로 사나 죽으나 우리가 주의 것이로다 (롬 14:8)

여기에 답이 있습니다. 바울은 자신이 산다면 그것은 주님을 위해 사는 것이고, 죽는다면 주님을 위해 죽는 것이라고 말합니다. 그러므로 살든지 죽든지 자신은 주님의 것이라고 고백합니다. 죽고 사는 문제가 큰 문제가 아니라는 것입니다. 자신은 죽고 사는 일보다 주를 위해 사는 것에 더 관심을 기울이겠다고 말하는 것입니다. 우리가 두려워하며 걱정하는 것은 살고자 하기 때문입니다. 죽을 각오로 나선다면 겁날 것이 없습니다. 못할 것이 없습니다. 우리가 자꾸 자신의 힘으로 살려고 하니, 두렵고 무서운 것입니다.

바울과 실라는 주를 위해 살기를 각오하였습니다. 죽고자 각오하니 감옥에 갇혀 매를 맞아도 찬양할 수 있고, 쇠사슬에 매여 있어도 찬양하며 기도할 수 있는 것입니다. 주님을 향한 갈급한 열정의 정신이 우리에게 필요합니다. 그리스도인은 바로 이런 마음으로 살아야 합니다. "내가 살아도 주를 위해 살고, 죽어도 주를 위해 죽고, 나는 살아도 죽어도 오직 주님의 것입니다."라는 고백이 우리 모두의 고백이 되길 소망합니다.

사랑하는 여러분, 우리에게는 '다시'라는 단어가 있어서 너무나 좋습니다. 창세기부터 요한계시록까지 하나님의 사랑을 한 단어로 표현하면 '다시'입니다. 지금까지 잘못 걸어온 인생길이라 할지라도, 우리는 '다시' 시작할 수 있습니다. 죄와 허물로 망가진 우리 인생도 그리스도의 사랑으로 '다시' 시작할 수 있습니다. 좌절하고 절망 가득한 사람도 '다시' 꿈꿀 수 있습니다. 회복의 유일한 길은 바로 '다시' 시작하는 겁니다. 우리는 주님이 계시기에 다시 시작할 수 있고, 주님으로 다시 시작하는 것입니다.

> 예수께서 이르시되 할 수 있거든이 무슨 말이냐 믿는 자에게는 능히 하지 못할 일이 없느니라 하시니 (막 9:23)

"나 같은 인간도 다시 시작할 수 있을까요?"
"'할 수 있다'가 무슨 말이냐? 믿는 사림에게는 모든 것이 가능하다."
주님은 대답하십니다. 예수님의 이름으로 다시 일어서기를 주의 이름으로 축복합니다.

11

당신에게 다시 밀물이 오고 있다

시 126:1-3, 스 1:3-4

1 여호와께서 시온의 포로를 돌려 보내실 때에 우리는 꿈꾸는 것 같았도다

2 그 때에 우리 입에는 웃음이 가득하고 우리 혀에는 찬양이 찼었도다 그 때에 뭇 나라 가운데에서 말하기를 여호와께서 그들을 위하여 큰 일을 행하셨다 하였도다

3 여호와께서 우리를 위하여 큰 일을 행하셨으니 우리는 기쁘도다

3 이스라엘의 하나님은 참 신이시라 너희 중에 그의 백성 된 자는 다 유다 예루살렘으로 올라가서 이스라엘의 하나님 여호와의 성전을 건축하라 그는 예루살렘에 계신 하나님이시라

4 그 남아 있는 백성이 어느 곳에 머물러 살든지 그 곳 사람들이 마땅히 은과 금과 그 밖의 물건과 짐승으로 도와 주고 그 외에도 예루살렘에 세울 하나님의 성전을 위하여 예물을 기쁘게 드릴지니라 하였더라

19세기 미국 최고의 부자 카네기(Andrew Carnegie)의 사무실에는 장소와 조금 어울리지 않는 그림이 있습니다. 바닷가 모래 위에 덩그러니 밀물을 기다리듯 놓여있는 조각배 그림입니다. 유명한 화가의 그림도 아니고, 멋진 채색으로 감동을 줄 수 있는 그림도 아닙니다. 하지만 이 그림에는 젊은 시절 카네기의 마음이 담겨 있습니다. 세계적인 반열에 오른 부자 카네기도 어려웠던 시절이 있었습니다. 너무나도 힘들고 고통스러웠던 때에 카네기는 이 그림을 보게 되었습니다. 사실 카네기는 그림보다 밑에 적혀있는 글귀에 마음이 끌렸습니다.

　"The high tide will come. On that day, I will go out to the sea."
　반드시 밀물이 밀려오리라. 그날, 나는 바다로 나가리라.

　서럽고 아프고 고통스러운 젊음의 때를 지나다 이 그림을 보게 된 카네기는 희망을 품을 수 있게 되었다고 합니다. 비록 지금 자기 모습이 모래사장에 파묻힌 조각배처럼 좌초되어버린 것 같지만, 언젠가 밀물이 밀려오면 먼바다로 나아가게 될 것이라고 소망이 생겼습니다. 밀물이 밀려오면 반드시 이 배를 타고 바다로 나아갈 것이라는 꿈이 생겼습니다.
　이런저런 일에 몇 번 실패하고 나면 마치 모래사장에 덩그러니 파묻힌 배와 같이 아무것도 할 수 없을 것 같은 느낌이 들 때가 있습니다. 그러나 너무나도 다행스러운 것은 다시 밀물이 몰려오고 있다는 것입니다. 하나님이 주시는 기회, 하나님의 때가 다시 오고 있습니다. 하나님의 밀물, 그 은혜의 밀물은 끝이 없습니다. 오늘도 하나님은 우리를 향해 은혜의 밀물을 준비하고 계십니다. 하나님은 우리에게 '다시'라는 시간을 주십니다. 그래서 우리는 어떤 상황에서라도, 어떤 처지에 있다 할지라도 하나님의 사랑이 있기에 다시 시작할 수가 있고 다시 꿈을 꿀 수가 있습니다. 하나님의 밀물의 때가 오고 있기에 그렇습니다.

희망이 없다고 생각이 될 때

시편 126장은 이스라엘 백성이 70년의 바벨론 포로 생활을 마치고 고국으로 돌아올 때의 감격을 노래한 장입니다. 이스라엘 백성은 이미 애굽에서의 400년간 노예 생활 끝에 약속의 땅으로 인도하심을 받았습니다. 우리가 이미 아는 것처럼 바로의 종으로 살던 이스라엘 백성을 불쌍히 여기신 하나님께서 그들을 가나안으로 옮기시며, '주인처럼 살아라.' '자손만대까지 하나님의 복을 누리며 살아라.'라고 말씀하셨습니다. 하지만 얼마 지나지 않아 이스라엘 백성은 하나님의 인도하심을 잊어버립니다. 가나안 거주민들을 쫓아 그들의 우상을 숭배하기 시작합니다. 하나님은 이스라엘 백성을 보시며 너무나 마음이 아프셨습니다. 하나님은 선지자들을 통해 그들이 돌아오도록 인도하셨습니다. "너희들이 그러면 안 돼. 하나님께로 돌아와야 해. 하나님만을 바라봐야 해." 간곡하게 타이르셨습니다. 그런데도 이스라엘 백성은 그들의 길을 돌이키지 않았습니다.

예레미야는 눈물의 선지자라는 별명이 있습니다. 하나님을 멀리 떠난 이스라엘 백성을 향해 찢을 듯한 심정으로 '하나님께로 돌아오라.'라고 외쳤습니다. 눈물 흘리며 이스라엘 백성에게 하나님의 은혜를 잊어버리면 안 된다고 부르짖었지만, 그들은 끝내 돌아오지 않았습니다. 하나님이 베풀어주신 은혜를 기억하지 못하고, 하나님의 말씀을 무시한 채, 그들의 보기에 좋은 대로 우상을 좇아 살았습니다. 결국 앗수르에 의해서 북이스라엘이 망하게 됩니다. 북이스라엘이 망하는 것을 보면서도 남유다 역시 돌이키지 않았고 바벨론에 의해서 완전히 망해버립니다. 아름다운 성전은 무너져 잿더미가 되었으며, 성전의 기물은 약탈당합니다. 이스라엘의 젊은이들은 쇠사슬에 묶여 끌려가는 지경이 되고 말았습니다.

그렇게 하나님의 은혜를 누리던 이들이 이제는 바벨론의 포로가 되어 남의 땅에 살아갑니다. 약속의 땅에서 자유롭게 살던 이들이 멀고 먼 남의 나라에서 노역하며 고통스럽게 살아가고 있습니다. 어느새 포로의 고통이 차올라 70년이 지났습니다. 70년이면 20년을 한 세대로 잡았을 때 벌써 3세대가 지난 시간입니다. 자녀의 자녀가 태어나고 죽음을 맞은 시간입니다. 힘겨운 70년의 포로 생활에 지친 이스라엘 백성은 희망을 잃어버렸습니다. 포로 생활에 지쳐, 낙심한 모습 그대로 그냥 그렇게 소망을 잊어버린 채 체념하며 살고 있습니다. 그런데 그때, 하나님은 그들을 위한 아름다운 날을 준비하고 계셨습니다. 이스라엘 백성을 보며 안타까워하시고 그들을 향한 사랑으로 그들을 위한 새 길을 준비하고 계셨습니다. 이스라엘 백성이 다시 고국 예루살렘으로 돌아가도록 하나님의 계획을 준비하고 계셨다는 것입니다.

> 이스라엘의 하나님은 참 신이시라 너희 중에 그의 백성 된 자는 다 유다 예루살렘으로 올라가서 이스라엘의 하나님 여호와의 성전을 건축하라 그는 예루살렘에 계신 하나님이시라(스 1:3)

에스라서는 시편 126장의 배경 말씀입니다. 에스라서를 보면 하나님이 이스라엘 백성을 위해 어떻게 일하시는지 알 수 있습니다. 바로 이방 나라의 고레스 왕을 사용하십니다. 바사 왕 고레스는 왕이 되자마자 칙령을 내립니다. "이스라엘 백성들은 다 고국으로 돌아가라." 고레스 왕은 칙령을 내리면서 이스라엘의 하나님을 참 신이라고 고백합니다. 이방 나라의 왕이 성령의 감동으로 바뀌어버린 것입니다. 일개 포로인 이스라엘 백성의 신을 참 하나님이라고 표현한 것입니다. 그리고 하나님의 백성 모두는 예루살렘으로 돌아가 이스라엘의 하나님을 위해 성전을 지으라고 말합니다. 생각할 수도 없고 차마 꿈꿀 수도 없는 일이 벌어진 것입니다. 어떻게 하나님을 알지 못하는 이방 나라의 왕이 포로 된 이스라엘의 하나님을 찬양하며 성전을 지으라고 할까요?

> 여호와께서 시온의 포로를 돌려 보내실 때에 우리는 꿈꾸는 것 같았도다(시 126:1)

바벨론에서 포로 된 이스라엘 백성이 예루살렘으로 돌아와 성전으로 올라가면서 찬양합니다. 마치 꿈을 꾸는 것 같다고 소리쳐 외칩니다. 포로로 살았던 자신들이 시온으로 올라올 수 있다는 것이 믿기지 않는 꿈같다고 말합니다. 너무 놀라서 생각지도 못한 일이 벌어지니까 꿈꾸는 거 같다고 말하는 것입니다.

하나님은 오늘도 우리 앞에 이스라엘 백성이 꿈꾸는 것 같다고 말하는 놀라운 일을 준비하고 계십니다. 우리의 인생길 앞에 도저히 우리가 생각할 수도 없는 선하고 신비한 일을 준비하고 계신다는 것입니다. 이것을 믿는 자와 '아이고, 내 인생에 뭐 그런 일이 있으려고….'하며 의심하는 자는 전혀 다른 삶을 살게 될 것입니다.

> 그 때에 우리 입에는 웃음이 가득하고 우리 혀에는 찬양이 찼었도다 그 때에 뭇 나라 가운데에서 말하기를 여호와께서 그들을 위하여 큰 일을 행하셨다 하였도다(시 126:2)

하나님은 자기 자녀들에게 다함이 없는 사랑으로 상상할 수도 없는 놀라운 일을 준비하시고, 때가 되면 우리에게 주십니다. 그때가 되면 우리의 입은 웃음으로 가득 차고, 우리의 혀는 기쁨의 노래로 가득할 것입니다. 너무 좋아서 입속에서 웃음이 가득하여 입만 벌리며 주체할 수 없는 웃음이 나온다는 것입니다. 하나님의 은혜에 너무나 감사해서 찬양이 막 복받쳐 나온다는 말입니다.

지금은 이스라엘 백성이 감격에 겨워 찬양을 하고 있지만 사실 이 날이 되기까지 그들의 형편은 너무나 비참하였습니다. 조절할 수 없이 웃음과 찬양이 나오는 지금이지만 이 시간이 되기까지 그들의 삶은 험난하고 고단했습니다.

> 우리가 바벨론의 여러 강변 거기에 앉아서 시온을 기억하며 울었도다(시 137:1)

너무나 기가 막히고 답답해서 이리저리 애를 쓰지만 한 치 앞도 보이지 않았습니다. 할 수 있는 것은 강변에 앉아 지나간 시절을 생각하며 눈물을 흘릴 뿐이었습니다. 화려하고 빛났던 아름다운 시온성을 떠올리며 하염없이 울었습니다. 길이 없을 때, 방법이 전혀 보이지 않을 때 눈물이 납니다. 아득하게 눈물만 나오는 것이죠. 포로로 살아가는 하루하루가 너무나 버겁고 힘들어서 고향 땅을 떠올리지만, 도저히 돌아갈 방법이 보이지 않으니 울기만 했다는 것입니다. 그렇게 십 년이 지나고, 삼십 년이 지나고, 오십 년이 지나가도 길은 보이지 않습니다. 이제 이스라엘 백성은 그냥 그렇게 하루를 기대감 없이 그곳에서 머물러 산 것입니다.

그런데 하나님은 그들이 눈물을 흘리고 있을 그때, 꿈꾸는 것 같은 날을 준비하고 계셨습니다. 인간의 눈으로는 아무것도 보이지 않는 깜깜한 어둠의 날에 하나님은 사랑으로 자신의 때를 준비하고 계셨던 것입니다. 남유다 백성을 위해 좋은 날을 준비하시고 인도하셨던 주님께서 오늘도 사랑하는 주의 자녀들 앞에 꿈꾸는 것 같은 좋은 날을 준비하고 계심을 믿으시기 바랍니다. 믿음의 사람들에게 그 날이 다가오고 있습니다.

고생을 넘어 고난으로

그 날이 오기 전에 하나님의 백성이 해야 할 일이 있습니다. 바벨론 강변에서 시온을 기억하며 울었던 이스라엘 백성처럼 고난의 때에 힘겨운 상황 속에서 이 시간을 어떻게 지혜롭게 보낼까를 기도하며 나아가야 합니다.

당대의 의인이라 불리던 욥이 한순간에 무너졌습니다. 스바 사람들이 들이닥쳐 소들과 암나귀들을 빼앗고 종들을 칼로 쳐서 죽였습니다. 종의 보고가 끝나기도 전에 다른 종이 달려와 하늘에서 하나님의 불이 떨어져 양 떼와 종들을 모두 태워 버렸다고 말합니다. 이것이 끝이 아닙니다. 갑자기 사막에서 강풍이 불어 건물이 무너지고 사이좋은 열 남매가 목숨을 잃었다고 합니다. 말 그대로 자녀를 포함한 모든 소유물을 하루 만에 잃게 됩니다. 욥의 건강에도 이상이 생겼습니다. 발바닥부터 정수리까지 온몸에 종기가 나서 질그릇 조각으로 긁어야 할 만큼 심각한 상태입니다. 생명은 살아있지만, 뼈와 살은 끝없는 고통 가운에 있는 상황입니다. 그런데 더 억울하고 힘든 것은 세 친구가 찾아와 이 고난은 모두 욥의 죄 때문이라고 말합니다.

그런데 '고난'과 '고생'은 다릅니다. 언뜻 고난과 고생이 같아 보이지만 유심히 살펴보면 다른 뜻입니다. 욥이 당하는 고난과 비슷하지만 다른 의미의 고생이 있습니다. 고생의 사전적 의미는 '어렵고 고된 일을 겪음'입니다. 즉 힘든 고통을 의미합니다. 이와 다르게 '고난'은 '살아가면서 겪는 괴롭고 힘든 일이나 상황'이라고 합니다. 고생처럼 어려움을 당한다는 의미에서는 같지만, 내용이 다릅니다. 예를 들어 죄를 짓고 감옥에 가는 사람은 고난을 겪은 것이 아니라 고생하고 있는 것입니다. 자기 죄로 말미암아 고통을 당하고 있는 것이죠. 그런데 독립운동하던 독립투사가 감옥에 갇혔다면 이는 고생도 하고 있지만, 더 큰 의미에서 고난을 겪는 것입니다. 똑같이 감옥에서 고통당하고 있으나 어떤 사람은 고생하고 있고, 어떤 사람은 고난 가운데 있는 것입니다.

부부가 살다 보면 때로는 투덕투덕 싸울 수 있습니다. 일평생 부부 싸움을 안 하면 좋겠지만 그럴 수 없는 것이 우리 인간입니다. 그래서 어차피 겪게 될 부부 싸움이라면 잘하는 것이 건강한 가정이라고 할 수 있습니다. 다른 말로 부부 싸움을 잘못하면 큰 어려움을 당할 수 있다는 것입니다. 종종 목사님 부부도 싸울까 궁금해하시는 분들이 계십니다. 똑같은 인간인지라 때로는 다투고 토라지기도 합니다. 그런데 이런 경우가 있습니다. 어떤 아내가 남편에게 화를 내며 바락바락 소리를 지릅니다. 남편은 사사건건 아내의 약점을 잡아 약을 올립니다. 남편이 화가 치밀어서 해서는 안 될 행동을 합니다. 누가 더 잘못한 행동일까요? 소리를 지르며 삿대질을 한 아내도 잘못이지만, 폭력을 행사한 남편도 잘못입니다. 아내도 남편도 모두 고생의 시간입니다. 언어폭력으로 마음도 상하고 몸도 상하며 가정도 무너지고 말았습니다. 그런데 이런 일도 있습니다. 아내만 신앙생활을 합니다. 홀로 믿음을 지키며 가정 가운데 복음이 들어오길 노력하는 아내입니다. 하지만 그로 인해 남편에게 욕을 먹고 비난받고 있습니다. 이것은 고난입니다. 핍박받고 있는 것이죠. 똑같은 상황인데 어떤 때는 고난이고, 어떤 때는 고생입니다.

> 의인은 고난이 많으나 여호와께서 그의 모든 고난에서 건지시는도다(시 34:19)

의인은 고난이 많다고 합니다. '고생'이 많은 것이 아니라 '고난'이 많습니다. 힘든 것은 똑같지만 믿음으로 살아가려면 고난을 겪을 수밖에 없습니다. 그러나 여호와 우리 아버지 되시는 하나님께서 그의 모든 고난에서 건지십니다. 고난 속에 있는 사람들을 향해 여호와께서는 모든 고난에서 건지시겠다고 말씀합니다. 지금 당신은 '고생'하고 있습니까? '고난'당하고 있으십니까?

고난과 고생이 다른 것은 그 내용에 달려 있습니다. 고생은 힘들게 고통당하다 그것으로 끝이 납니다. 고생을 통해서는 무엇도 얻을 수 없습니다. 오히려 황폐해지고 망가지는 결과만 낳게 됩니다. 하지만 고난을 겪는 사람은 그 시간을 통해 하나님의 은혜를 깨닫게 됩니다. '이것 때문에 그랬구나. 아, 이런 하나님의 뜻이 있었구나.'를 깨닫게 됩니다. 고난은 힘들지만, 그 고난을 통해 유익을 얻습니다. 이전보다 더 많은 것을 얻게 됩니다. 인생이 깊어지고 신앙이 무르익으며 새로운 삶을 살게 되는 유익을 얻게 됩니다.

> 고난 당한 것이 내게 유익이라 이로 말미암아 내가 주의 율례들을 배우게 되었나이다 (시 119:71)

고난 중에 있다고 낙심할 이유가 없습니다. 하나님이 건지실 뿐만 아니라 이 고난을 통해서 많은 유익을 얻게 하실 것입니다. 그래서 예수 믿는 사람들은 고난 가운데 있어도 기뻐할 수 있고, 주님은 고난 중에 더욱 기뻐하라고 명령하십니다.

더하여 우리의 잘못으로 고생하고 있다고 그냥 포기해서는 안 됩니다. 예수 믿는 사람이 잘못하여 고생한다 할지라도 그 걸음을 바꿔 주시는 분은 바로 하나님이십니다. 고생의 이유를 알게 하시고 돌이켜 나아가게 하십니다. 돌이키는 그 시간이 힘들고 어렵겠지만 이제 그것은 고생이 아니라 고난이 됩니다. 고난으로 바뀌면 유익이 임할 것입니다. 고생을 고난으로 바꾸시는 하나님을 믿으시길 바랍니다. 하나님 편에서 이스라엘 백성들을 보면 그냥 버릴 수밖에 없는 존재들입니다. 그렇게 배은망덕할 수가 없습니다. 하나님의 은혜를 기억하지 못하고, 하나님을 잊어버리고 또 잊어버리며, 빗나가고 또 빗나갑니다. 그렇지만 하나님은 은혜를 베푸시고 또 회복해 주십니다. 다시 밀물을 보내십니다. 이것이 하나님의 사랑입니다.

우리말에 '삼세번'이란 말이 있습니다. 아이들에게 삼세번을 적용하여, "한 번, 두 번, 한 번만 더 그러면 가만 안 둔다."라고 합니다. 한국 사람들은 세 번 정도 참아주는 것이 군자요 마음이 넓은 사람이라고 합니다. 하지만 한 번도 못 참는 사람이 있기도 합니다. 그런데도 세 번을 참아주면 '그 정도면 됐다. 이제 그 정도 참아주면 됐다.'라고 생각하게 됩니다. 할 도리는 끝냈다는 말입니다. 더 이상 이해하려고 노력하지 않아도 되고, 베풀지 않아도 된다는 의미입니다.

> 예수께서 이르시되 네게 이르노니 일곱 번뿐 아니라 일곱 번을 일흔 번까지라도 할지니라 (마 18:22)

예수님의 수제자인 베드로가 예수님께 묻습니다. "예수님, 한국 사람들은 세 번은 참아야 한다고 그러는데, 저는 그래도 예수님의 제자이니 형제가 내게 잘못하면 일곱 번 정도 용서해 주면 되지 않을까요?" 베드로가 통을 크게 쓴 것 같습니다. 일곱 번이면 굉장히 많이 용서하기로 다짐한 것입니다. 좁은 마음이 아니라 넓은 마음으로 사람을 대하겠다는 의미입니다. 그런데 예수님의 대답은 예상을 벗어납니다. "일곱 번뿐 아니라 일곱 번을 일흔 번까지라도 하여라." 주님의 사랑은 끝이 없습니다. 아버지의 사랑으로 말미암아 우리는 든든합니다. 이 사랑이 우리를 잡아주기 때문에 오늘도 이렇게 살아있는 것입니다.

때를 준비하라

주님 만날 날이 다가오면 두려운 것이 있습니다. '내가 이렇게 살다 주님 만나면 되겠나? 지은 죄도 크고 생각해 보면 허물도 큰데 주님 앞에 가면 너무 부끄럽지 않을까?' 누구도 살아온 날들을 뒤돌아보면서 자신 있다고 말할 수 있는 사람이 없을 것입니다. 여름이 지난 바닷가에 가보았습니다. 아무도 없는 바닷가 모래사장을 걸었습니다. 잠시 뒤돌아보았더니 제가 걸어온 뒤편으로 발자국이 남았습니다. 바로 우리가 걸어간 삶의 흔적입니다. 건너편 언덕에 서서 지나간 날을 돌아보니 보고 싶지 않은 흔적들이 후회들로 남습니다. 그런데 잠시 후에 파도가 밀려옵니다. 파도가 몇 번 밀려왔다가 쓸려가더니 금세 모래사장은 깨끗하게 변했습니다. 발자국 흔적 없이 한 번도 안 밟힌 것처럼 된 것입니다. 이것이 하나님의 은혜이고, 하나님의 사랑입니다. 우리의 허물을 주님이 다 쓸어 가시는 것입니다.

> 내 평생에 선하심과 인자하심이 반드시 나를 따르리니 내가 여호와의 집에 영원히 살리로다(시 23:6)

우리가 걸어가는 길, 우리의 평생을 따라오는 것은 주의 선하심과 인자하심입니다. 끝없는 주님의 사랑이 밀려와서 우리의 더러움을 계속해서 지워주는 것입니다. 그래서 허물이 하나도 없는 것처럼 만드셔서 '내가 여호와의 집에 영원히 살리로다.'라는 고백으로 이끄십니다. 우리 힘으로는 안 됩니다. 하지만 주의 인자하심과 주의 선하심이 우리를 평생 쫓아와서 지워주시기에 우리는 주님 앞에서 이렇게 살아가는 것입니다. 우리 삶 가운데 주의 선하심과 인자하심이 따라온다는 것을 믿으시길 바랍니다. 그래서 우리의 모든 고통도 모든 고생과 고난도 다 유익으로 바꿔주심을 믿고 인내함으로 나아 가십시다. 우리 앞에 큰 밀물의 때가 오고 있습니다.

밀물이 몰려올 그때까지 우리는 무엇을 준비해야 할까요? "물이 몰려오기 전에 방죽을 만들어라." 어촌 마을 어르신의 말입니다. 바닷물이 몰려오기 전에 얼기설기 방죽을 만들어 놓으면, 물이 왔다가 빠져나가면서 고기들이 방죽에 걸립니다. 만약 이것을 준비해 놓지 않으면 물이 빠져도 아무것도 없습니다. 하나님의 은혜의 밀물이 몰려오기 전에, 하나님의 그 날이 오기 전에 우리는 무언가를 준비해야 합니다.

> 눈물을 흘리며 씨를 뿌리는 자는 기쁨으로 거두리로다 울며 씨를 뿌리러 나가는 자는 반드시 기쁨으로 그 곡식 단을 가지고 돌아오리로다(시 126:5-6)

씨를 뿌려야 합니다. 씨를 뿌린 자만이 추수할 수 있습니다. 가을에 거두기 위해서 오늘 씨를 뿌리는 것입니다. 우리가 뿌리지 않고 어떻게 거두겠습니까? 뿌려야 거두는 것이고 뿌리는 현재는 눈물이 날 수 있습니다. 준비한다는 것은 쉬운 일이 아니기 때문입니다. 하고 싶지 않은 일이지만 오늘 씨를 뿌리는 그 준비를 하라고 말씀하십니다. 또한 말씀에서는 씨를 뿌리는 것을 '눈물을 흘리며 씨를 뿌리러 나가는 자'라고 표현합니다. 씨는 '뿌리는 것'이지 '먹는 것'이 아닙니다. 씨를 먹는 사람은 없습니다. 먹는 것은 소비하는 것이고, 뿌리는 것은 투자하는 것입니다. 성공한 사람과 실패한 사람 차이가 바로 이것입니다. 성공한 사람은 투자하고 남은 것을 먹지만, 실패한 사람은 다 먹고 남은 것을 투자합니다. 이 세상에 그냥 남은 것은 없습니다. 그렇다면 무엇을 투자해야 할까요? 가장 중요한 것이 자기 자신의 실력, 인생의 그릇을 준비하는 겁니다. 그릇이 준비되어 있지 않으면 주님의 때가 와도 그냥 지나가 버립니다. 끝없이 자기를 성장시켜야만 합니다. 이것이 자기 삶의 그릇을 준비하는 것입니다.

로버트 기요사키(Robert Kiyosaki)의 이름은 몰라도 『부자 아빠 가난한 아빠』 책은 모두가 압니다. 이 책의 명언 중 이런 말이 있습니다.

"인생을 바꾸는 단 하나의 단어가 있다. 그것은 바로 '오늘'이라는 단어다."

오늘, 현재를 바꾸면 미래가 바뀝니다. 오늘을 바꾸면 살아온 과거를 새롭게 조명할 수 있습니다. 그래서 오늘이 너무나 중요합니다. 내게 주어진 소중한 선물 같은 오늘을 우리는 반드시 붙잡아야 합니다. 그런데 어리석은 사람은 바꿀 수 없는 과거에 집착합니다. "아이고, 그때 잘할 건데…. 너무 속상해." 과거를 놓지 못하고 집착하는 것은 어리석은 짓입니다. 지혜로운 사람은 오늘을 잡습니다. 우리 인생을 바꾸는 단어는 '오늘'입니다.

그렇다면 오늘 우리는 무엇을 해야 할까요? 5년 후에 나는 어떤 사람으로 이 땅에 존재할까요? 멀리도 말고 5년 후를 생각해 보시기 바랍니다. 오늘 내가 무엇을 하느냐에 따라서 5년 후가 달라집니다. 5년 후에 어떤 사람으로 변할지는 두 가지에 달려 있습니다. 첫 번째, 지금 읽고 있는 책입니다. 독서는 사람을 성장하게 만듭니다. 영재

교육은 다 독서 교육입니다. 사람은 책을 읽을 때 성장할 수 있습니다. 누구도 예외가 없습니다. 5년 후에 사람을 살리는 생명의 생각을 하느냐, 시기하고 경쟁하는 혹은 현실에 안주하는 생각을 하느냐는 오늘 무슨 책을 읽느냐에 따라서 달라진다는 것입니다. 두 번째, 내일의 인생은 '오늘 나와 함께 시간을 보내는 사람이 누구인가?'에 따라서 달라집니다. 단순히 직장 동료, 친구, 이웃을 의미하는 것이 아닙니다. 인생의 멘토를 찾으십시오. 우리가 탁월한 사람, 성공적인 삶을 살아가는 사람을 멘토로 만날 때 우리의 인생길이 달라집니다. 성공의 지름길을 만날 수 있습니다. 오늘을 붙잡아야 미래가 바뀝니다.

우리 인생을 바꾸는 중요한 단어는 '오늘' 밖에 없습니다. 허투루 시간을 소비하지 마십시오. 직장에서 일하지만 일할 때뿐이고 시간이 남으면 뜻 없이 친구들과 모여 커피 마시고 수다를 떱니다. 물론 이것도 필요하지만 그렇게 흘려보내는 시간은 소비하는 시간입니다. 우리 인생에 도움이 안 됩니다. 이제 그 시간을 자신을 위해 투자하십시오. 독서도 하고 멘토를 만나 의미 있는 이야기를 나누십시오. 전문가들은 하루에 2시간을 자기를 위해 투자하라고 합니다. 해야 할 일을 마친 후에 자신을 위해 투자하는 시간을 가지면 인생이 달라질 것이라고 합니다. 주님의 은혜의 물결이 우리에게 밀물처럼 몰려올 것입니다. 기회가 올 것입니다. 그 기회가 오기 전에 자신을 준비하십시오. 자신의 그릇을 키워놓으십시오.

이것 못지않게 중요한 하나가 있습니다. 빼놓을 수 없는 중요한 하나는 기도하는 일입니다. 우리는 밀물을 일으킬 수 없습니다. 사람의 힘으로 밀물을 만들어낼 수가 없습니다. 밀물을 만드시는 분은 하나님밖에 없습니다. 그래서 하나님의 팔이 움직이도록, 하나님의 손이 움직이도록, 하나님이 물결을 일으키시도록 우리가 할 수 있는 일은 기도하는 것입니다. 이스라엘 백성이 바벨론에서 돌아와 시온성을 올라갈 때 꿈같은 일이 벌어졌다고 찬양했습니다. 그 일은 바로 '여호와께서' 하신 일입니다. 그들을 위해 주가 큰일을 행하셨습니다. 사람이 할 수 있는 일이 아니었습니다. 그 위대하고 꿈꾸는 것 같은 일을 하시는 분은 주 여호와 우리 아버지 되십니다. 우리는 주님의 밀물을 기다리며 그 일을 만드실 그분 앞에 기도하는 것입니다.

모래사장에 좌초된 배는 아무리 애를 써도 바다에 띄울 수가 없습니다. 그러나 좌초된 배는 밀물이 몰려오면 저절로 떠오릅니다. 그 밀물, 하나님의 은혜의 밀물이 우리 앞에 몰려오고 있습니다. 그래서 우리는 그 주님을 바라봐야 합니다.

> 나의 영혼이 잠잠히 하나님만 바람이여 나의 구원이 그에게서 나오는도다 (시 62:1)

밀물을 만드실 분은 하나님밖에 없어서, 우리 인생의 밀물을 보내실 분도 하나님밖에 없어서, 우리의 구원이 그에게서 나기 때문에 우리는 '잠잠히 하나님만 바라'는 것입니다. 주님을 바라보며 주님 앞에 구하고 기도하고 있으면 은혜의 밀물이 주님으로부터 여러분에게 오게 될 줄을 믿으시기 바랍니다. 당신에게 다시 밀물이 몰려오고 있습니다. 하나님의 선하심을 믿으십시오.

12

당신은 다시 꿈꿀 수 있다

민 6:22-27, 롬 8:31-32

22 여호와께서 모세에게 말씀하여 이르시되

23 아론과 그의 아들들에게 말하여 이르기를 너희는 이스라엘 자손을 위하여 이렇게 축복하여 이르되

24 여호와는 네게 복을 주시고 너를 지키시기를 원하며

25 여호와는 그의 얼굴을 네게 비추사 은혜 베푸시기를 원하며

26 여호와는 그 얼굴을 네게로 향하여 드사 평강 주시기를 원하노라 할지니라 하라

27 그들은 이같이 내 이름으로 이스라엘 자손에게 축복할지니 내가 그들에게 복을 주리라

31 그런즉 이 일에 대하여 우리가 무슨 말 하리요 만일 하나님이 우리를 위하시면 누가 우리를 대적하리요

32 자기 아들을 아끼지 아니하시고 우리 모든 사람을 위하여 내주신 이가 어찌 그 아들과 함께 모든 것을 우리에게 주시지 아니하겠느냐

변화무쌍한 21세기를 사는 데 필요한 요구가 있습니다. 첫 번째는 새로워지는 겁니다. 옛사람을 벗어버리고 시대에 맞는 새로운 옷을 갈아입는 자세가 필요합니다. 두 번째는 탁월성입니다. 탁월한 사람은 백만 명을 먹여 살립니다. 평범함을 뛰어넘는 탁월함이 요구됩니다. 세 번째는 기대를 품는 것입니다. '기대'라는 말의 다른 말은 '꿈꾼다'입니다. 기대하는 사람, 꿈을 꾸는 사람이 리더가 될 수 있습니다.

우리는 사람에 대해서도, 상황에 대해서도 기대를 품을 수 있습니다. 하지만 정말 중요한 기대는 바로 자기 자신에 대한 기대입니다. 자신에 대해 실망하는 사람이 너무나 많습니다. '나는 어쩔 수 없어.'라며 자신에 대한 기대 없이 하루하루를 살아가는 사람이 많습니다. 그런 사람은 하나님이 도와주시려 해도 도울 수 없습니다. 그래서 우리는 '나는 다시 꿈꿀 수 있다.'라는 기대를 품어야 합니다. 자기 자신에 실망하고 낙담한 마음을 내려놓고, 하나님 앞에서 다시 꿈꿀 수 있다는 선언을 해야 합니다. 얼마든지 새롭게 꿈꿀 수 있습니다. 우리가 능력이 많아서, 재능이 많아서가 아니라 하나님께서 우리에게 관심을 가지고 계시기 때문입니다. 전능하신 하나님께서, 창조주 하나님께서 우리를 살펴보시며 관심 두고 계십니다. 그렇기에 우리는 오늘 다시 꿈을 꿀 수 있습니다.

나를 향한 관심

> 여호와는 네게 복을 주시고 너를 지키시기를 원하며 여호와는 그의 얼굴을 네게 비추사 은혜 베푸시기를 원하며 여호와는 그 얼굴을 네게로 향하여 드사 평강 주시기를 원하노라 할지니라 하라 (민 6:24-26)

우리를 향한 하나님 아버지의 마음입니다. 하나님은 우리에게 복을 주시고, 지켜주시기를 원하십니다. 또한 그 빛나는 얼굴로 우리를 바라보시며 은혜를 베푸시기를 원하십니다. 우리를 내려다보시며 평강 주시기를 원하신다고 합니다. 시선을 우리에게 맞추시며 우리에게 복 주시기를 원하시는 하나님이 우리 아버지 되십니다. 그런데도 우리는 일이 잘 안 되거나 우리 바람대로 되지 않을 때 하나님을 오해합니다. 하나님은 우리에게 관심이 없고 저 멀리 하늘에 홀로 계신다고 생각하거나, 하나님은 영광 받는 것만 기뻐하신다고 생각합니다. 우리랑 관계 맺기를 싫어하시고 우리의 삶에 관심이 없다고 생각하는 것입니다. 당시 이스라엘 백성도 그런 생각을 했습니다.

> 야곱아 어찌하여 네가 말하며 이스라엘아 네가 이르기를 내 길은 여호와께 숨겨졌으며 내 송사는 내 하나님에게서 벗어난다 하느냐 (사 40:27)

하나님은 불평불만 하는 이스라엘 백성의 소리를 듣고 그 마음을 꿰뚫어 보셨습니다. "이스라엘 백성아, 너희가 어찌하여 불평하느냐? 어찌하여 '여호와께서 내 어려움을 모르고 계신다. 나의 간절한 부르짖음을 무시하신다.'라고 말하느냐?"라고 말씀하십니다. 하나님이 내 사정에 관심이 없고 내 어려운 일들을 보시지도 않으시며, 나의 부르짖음도 듣지 않으신다고 말하는 것입니다.

> 여인이 어찌 그 젖 먹는 자식을 잊겠으며 자기 태에서 난 아들을 긍휼히 여기지 않겠느냐 그들은 혹시 잊을지라도 나는 너를 잊지 아니할 것이라(사 49:15)

불평불만 하는 이스라엘 백성에게 대답하십니다. 자기의 젖 먹는 아이를 잊지 못하고, 자신이 낳은 아이를 불쌍히 여기지 않을 어머니는 없다고 하십니다. 혹시 그들이 잊을지라도 여호와 하나님은 절대로 잊지 않는 분이시라고 대답하십니다. 엄마가 자녀를 잊지 않는 것처럼 하나님은 우리를 잊지 않는다고 하십니다. 혹시 인간 어머니는 잊을지언정, 하나님은 절대 잊지 않으신다고 하십니다. "나는 너를 절대 잊지 않는다." 그런데도 기도하다 응답이 늦거나, 혹은 아니라고 대답하실 때 우리는 하나님을 오해하고 낙심에 빠지는 것입니다.

자기 아들을 아끼지 아니하시고 우리 모든 사람을 위하여 내주신

> 이가 어찌 그 아들과 함께 모든 것을 우리에게 주시지 아니하겠느
> 냐(롬 8:32)

하나님은 독생자 예수님을 우리를 위해 내어주셨습니다. 우리에게 새 생명을 주시기 위하여 아들 예수님을 십자가에 내어주신 것입니다. 아들을 내어주신 분이 그 아들과 함께 모든 것을 우리에게 주시지 않겠냐고 바울은 말합니다. 아들을 주셨으면 다 준 거지, 나머지 것을 왜 안 주시겠냐고 반문하며 하나님의 마음을 표현합니다. 우리를 향한 하나님의 관심, 그 마음을 근거로 우리는 다시 꿈을 꿀 수 있습니다. 스스로를 살피면 실망할 수밖에 없고 부끄러운 존재이지만, 그런 우리를 따스한 시선으로 바라보시며 모든 것을 준비해 놓고 계시는 분이 있다는 것을 기억하십시오. 그러면 다시 일어설 수 있습니다. 다시 꿈꾸며 앞으로 나아갈 수 있습니다. 우리를 향한 전능하신 하나님의 사랑과 관심을 생각하면 다시 할 수 있는 용기가 생기고, 힘이 생기는 것입니다.

복 주시는 하나님

> 네 조상들도 알지 못하던 만나를 광야에서 네게 먹이셨나니 이는
> 다 너를 낮추시며 너를 시험하사 마침내 네게 복을 주려 하심이었
> 느니라(신 8:16)

하나님은 우리에게 관심만 가진 것이 아니라 복 주시기를 원하십니다. 하나님은 광야를 걷는 이스라엘 백성에게 만나를 먹이셨습니다. 아무것도 없는 메마른 땅을 걷던 그들에게 조상들도 알지 못했던 만나를 내리셨습니다. 그리고 그렇게 하신 까닭은 이스라엘 백성을 겸손하게 만드시고, 시험하셔서 마침내 좋은 것을 주시기 위해서라고 모세는 말합니다. 독사와 전갈이 많고 땅이 메마른 넓고 무시무시한 광야를 지나게 하셨으며, 만나를 먹이는 것 자체가 하나님의 목적이 아니라, 이를 통해 복 주시기를 원하는 것이 하나님의 목적이라고 말씀하시는 것입니다. 지금 당장 복 주시면 우리가 교만해질 수 있습니다. 하나님의 인도하심으로 받은 복이 아니라, 자신의 능력이 뛰어나서 얻은 결과물이라고 생각할 수 있습니다. 그렇게 받은 복은 복이 아니라 독이 됩니다. 하나님은 그렇게 우리가 교만하여 죄에 무너지지 않도록, 우리의 자세를 낮추시고 시험하여 훈련하셔서 더 큰 유익을 주시고자 하십니다. 마침내 복을 주시기 위함입니다.

하나님은 복을 주시는 분입니다. 우리는 복을 받아야 사는 존재입니다. 어떤 분들은 교회 가면 매번 복 받는 이야기만 한다고 싫어합니다. 그런 분들에게 오히려 묻고 싶습니다. 그렇다면 우리가 어디로 가서 복을 받아야 할까요? 하나님께 복을 받지 못하면 어디로 가서 복을 받아야 할까요? 하나님이 주시는 복은 온전한 복이며 안전한 복입니다. 하나님의 복은 사모하는 자에게로 흘러갑니다. 이것이 원리입니다. 사람은 자기가 좋아하는 것을 원하게 되고 그것을 좇아 살아갑니다. 하나님은 우리에게 복 주시기를 원하시고, 우리가 복을 사모한다면, 그 복은 당연히 우리에게 흘러오게 되어 있습니다. 하나님의 복을 사모하시기 바랍니다.

하나님이 주시는 세 가지 복

하나님은 우리에게 세 가지 복을 주고자 하십니다. 하나님이 주시는 복은 근원적이고 중요한 복입니다. 그 복을 주시기 '원하고, 원하며, 원한다.'라고 하십니다.

첫째, "여호와는 네게 복을 주시고 너를 지키시기를 원하며(24절)"입니다. 하나님은 우리를 지키시는 분이십니다. 이스라엘 백성은 광야를 걷고 있습니다. 광야는 독충과 뱀뿐만 아니라 이리와 같은 야생 동물들이 생명을 위협합니다. 밤에는 너무나 춥고 낮에는 너무나 뜨겁습니다. 광야에 있는 사람은 무엇보다 '안전'이 보장되어야 합니다. 언제 무슨 일이 생길지 모르는 상황에서 하나님은 이스라엘 백성을 지켜주시겠다고 하신 것입니다. 사람에게 가장 기본이 되는 욕구는 안전의 욕구입니다. 우리는 우리의 세계가 안전하길 소망합니다. 가정이 안전하길, 우리나라가 안전하길, 세계가 안전하길 바랍니다. 하나님은 성도들의 삶 속에 어려움을 없게 하는 것이 아니라 비록 어려움은 있지만, 그 안에서 우리를 지키시기를 원하신다고 합니다. 그래서 낮에는 구름 기둥으로 뜨거운 땡볕을 덮어 주시고, 밤에는 차가운 사막 기온을 불기둥으로 따뜻하게 보살피시며 돌보아 주시는 것입니다.

　이민 교회의 특징은 한국에서 신앙생활을 하신 분들도 있지만, 타국에서의 삶이 힘들어 교회로 오시는 분들이 많다는 것입니다. 이분들은 신앙의 뿌리는 깊지 않으나 순수하고 열정이 뜨겁습니다. 아내를 따라 교회를 온 한 남자 성도가 있습니다. 이분은 미국에 살면서 출근은 멕시코로 합니다. 직장이 멕시코인데 퇴근하면 미국에 있는 집으로 돌아오는 것입니다. 어느 날 직장 동료의 차를 타고 함께 출근하는 길이었습니다. 운전은 젊은 청년이었던 동료가 하고, 집사님은 의자를 젖혀 누워 있었다고 합니다. 한참을 고속도로를 달려가는데 갑자기 쾅 소리가 들렸습니다. 자기도 모르게 반사적으로 일어나려고 하는데 무언가 꽉 누르는 기분이 들어 일어나지 못했다고 합니다. 잠시 후 정신을 차려보니, 컨테이너를 실은 큰 트럭에 타고 있던 차가 끌려가는 중이었습니다. 트럭 아래로 차가 밀려 들어가 운전하는 동료는 그만 그 자리에서 사망하고, 집사님은 일어나려고 했지만, 무언가에 눌려 일어나지 못해 살아남은 것입니다. 집사님은 하나님의 손이 자기를 누르셔서 살게 되었다고 고백하며 눈물을 흘리셨습니다. 예수님을 믿는 사람은 위험을 만나도 죽지 않는다는 이야기가 아닙니다. 우리가 할 일을 다 할 때까지, 이스라엘 백성들이 광야에서 가나안에 들어갈 때까지, 사명이 끝날 때까지 하나님은 지키시고 돌보아 주신다는 것입니다. 하나님은 오늘도 불꽃 같은 눈동자로 우리를 지켜보고 계십니다.

> 여호와는 너를 지키시는 이시라 여호와께서 네 오른쪽에서 네 그늘이 되시나니(시 121:5)

하나님은 우리를 지키시는 분인데, 오른쪽에서 그늘이 되신다고 합니다. 뜨거운 뙤약볕에서 그늘이 되신다는 것입니다. 구름 기둥으로 우리를 지키시는 분이십니다. 그래서 우리는 꿈을 꿀 수 있습니다.

하나님이 주시고자 하는 두 번째 복은, "여호와는 그의 얼굴을 네게 비추사 은혜 베푸시기를 원하며(25절)"입니다. 은혜는 자격 없는 자에게 주어지는 사랑을 말합니다. 도저히 우리의 자격으로는 받을 수 없는 사랑과 자비인데, 그 크고 무한한 사랑이 우리에게 그냥 주어지는 것입니다. 이것이 은혜입니다.

오래전에 읽었던 글 중에 50년 동안 부부 싸움을 한 번도 하지 않은 부부의 이야기가 있습니다. 이 부부가 신혼여행으로 사막을 가게 되었습니다. 낙타를 타고 밤하늘의 별을 보는 멋진 여행이었습니다. 한참을 가던 중 낙타가 몸을 잘못 흔들어 남편이 떨어졌습니다. 아내는 놀라 남편을 바라보았습니다. 남편은 벌떡 일어나더니 낙타를 향해 '한 번'이라고 말하고 다시 낙타를 탑니다. 그렇게 낙타를 다시 타고 가는데 어느 순간 남편이 또 낙타에서 떨어지게 되었습니다. 이번에도 툭툭 털고 일어난 남편이 '두 번'이라고 말하며 낙타에 올라탑니다. 다시금 여행은 시작되었고 남편은 또 떨어지게 되었습니다. 땅바닥에 떨어진 남편은 일어서더니 권총을 뽑아 낙타를 죽이고 맙니다. 아내는 깜짝 놀라며 말 못 하는 동물을 그렇게 죽일 수 있냐고 타박합니다. 남편은 아내를 보더니 '한 번'이라고 했답니다. 그렇게 그날부터 50년 동안 이 집에는 부부 싸움이 없었다는 이야기입니다. 이것이 사람입니다. 사람은 한계가 있습니다. 아무리 사랑해도 참지 못할 한계가 있다는 것입니다.

하지만 하나님은 그런 분이 아니십니다. 베드로가 호기를 부리며 예수님께 잘못한 사람을 일곱 번 용서하면 충분하겠냐고 물었습니다. 넓은 마음이라 칭찬하시며 충분하다는 대답을 듣고 싶었을 것입니다. 그런데 예수님은 일곱 번씩 일흔 번이라도 용서하라고 하셨습니다. 하나님의 사랑은 끝이 없다는 말입니다. 이것이 하나님의 은혜입니다. 계속해서 참아주시는 것입니다. 기회를 주시고, 또 기회를 주시는 것입니다. '이제는 더 이상 안 되겠지.'라고 생각했는데, 하나님은 "아니야, 또 기회를 줄게."라고 하십니다. 그래서 우리는 하나님의 은혜로 다시 꿈꿀 수 있는 것입니다. 우리 행실로는 가망이 없지만 하나님의 은혜는 끝이 없습니다. 우리 삶의 모든 순간이 하나님의 은혜임을 믿으시기 바랍니다. 은혜 베푸시는 하나님이 우리와 함께 계십니다.

하나님이 주시고자 하는 세 번째 복은, "여호와는 그 얼굴을 네게로 향하여 드사 평강 주시기를 원하노라(26절)"입니다. 하나님이 주시는 복은 평강의 복입니다. 우리는 산적해 있는 문제를 보며 한숨을 내쉽니다. 어떻게 풀 수 있을지 엄두가 나지 않는 문제들을 보며 답답해합니다. 그런데 우리 마음에 평안을 주시면 그 모든 문제가 더 이상 문젯거리로 다가오지 않습니다. 문젯거리가 아니라 해결할 수 있는 일이 되어버립니다. 그런데 반대로 아무 문제가 없는 것처럼 보일지라도 하나님의 평안이 없으면 마음이 불안하고 두려우며 괴롭습니다. 마음 깊은 곳에 선물 같은 평안은 오직 주님만이 주실 수 있습니다. 누구도 흉내 낼 수 없고 줄 수 없는 참된 평안이 오직 주님께만 있습니다. 우리는 주님이 주시는 그 평안의 복을 누리기만 하면 되는 것입니다.

이민 교회는 자칫 자그마한 문제가 시험이 되어 교회가 사라질 수도 있습니다. 뿌리가 없는 사람들이기에 흩어져 버립니다. 그런데 제가 교회를 건축할 때 큰 시험이 들었습니다. 건축 중에 건축업자가 도망을 가 버린 것입니다. 건축은 중단이 되었습니다. 이보다 더 큰 시험이 어디 있겠습니까! 누군가 책임을 져야만 했습니다. 그래서 금식 기도하며 하나님께 매달리기로 작정하고 기도원에 갔습니다. "주님, 이것을 어떻게 하면 좋겠습니까? 큰일이 났습니다. 마음은 녹고 길은 보이지 않습니다." 금식하며 하나님께 부르짖고 또 부르짖는데 어느 순간 제 마음에 은혜가 임했습니다. 걱정 근심이 사라지고 마음이 한없이 기뻐지기 시작했습니다. 하나님의 평안이 제게 임했다는 것을 느꼈습니다. 문제가 해결된 것은 아닌데 이제 살 것 같고 큰소리로 기쁨을 외치고 싶은 마음이 들었습니다. 하나님의 평안이 오면 문제는 문젯거리가 될 수 없습니다. 얼마든지 이길 수 있습니다. 그래서 그 평안으로 내려왔더니 해결할 방법이 보였습니다. 그렇게 문제를 해결하고 건축하고 입당한 교회는 점점 더 부흥했습니다.

> 평안을 너희에게 끼치노니 곧 나의 평안을 너희에게 주노라 내가 너희에게 주는 것은 세상이 주는 것과 같지 아니하니라 너희는 마음에 근심하지도 말고 두려워하지도 말라(요 14:27)

주의 평안을 누리시길 바랍니다. 어떤 어려움이 있어도 주의 평화가 우리 속에 있으면 다 이길 수 있습니다. 휘파람을 불면서 승전가를 부르며 이깁니다. 하나님은 이미 모든 것을 준비해 놓으셨습니다. 우리로 하여금 다시 꿈을 꿀 수 있고, 다시 시작할 수 있도록 모든 것을 다 준비해 놓으셨습니다.

은혜로 일어서기

하나님께서 우리에게 복 주시기 원하기에 우리는 그 복으로 말미암아 다시 시작할 수 있습니다. 그런데도 문제가 있습니다. 바로 우리 '자신'이 문제입니다. 모든 것이 준비되어 있는데 우리 스스로가 일어서지 않습니다. 스스로 꿈을 꾸지 않고 포기해버립니다. 그래서 시작조차 못 해보고 제자리에 서 있는 것입니다. 다시 점점 더 뒤로 밀려가고 있습니다. 더 이상 뒤로 밀려갈 곳도 없습니다. 그러니 하나님의 은혜에 맡기십시오. 은혜로 일어서십시오. 하나님의 은혜 앞에서 우리 마음에 접어둔 그 꿈들을 다시 펼치십시오. 몇 번 하다가 안 된다고 포기하지 마시고, 믿음으로 주님 앞에 펼칠 때 하나님은 그 꿈에 복을 더하여 주실 줄로 믿습니다.

저는 하남교회로 부임하여 지금까지 하나님의 사랑, 하나님의 꿈, 여러분을 향한 하나님의 소망을 계속해서 전했습니다. 우리 모두는 가능성이 있습니다. 당신은 하나님의 가능성입니다. 이 말씀을 듣고 실제로 꿈에 도전하고, 꿈을 향해 달려가며, 꿈을 이룬 사람도 있습니다. 다시 시작하십시오. 새로운 꿈을 꾸고 도전하며 나아가십시오.

이제 꿈을 꾸고 이를 이루기 위해 해야 할 것이 있습니다. 먼저, 자기 자신을 성장시켜야 합니다. 다른 말로 자신의 그릇을 크게 키워야 합니다. 그릇만큼 담을 수 있기 때문입니다. 하나님께서 복을 계속 부어주시고자 하는데 우리 믿음의 그릇이 간장 종지만큼 작으면 어떻게 될까요? 그릇의 크기만큼 담습니다. 그릇만큼 담을 수 있고, 아는 것만큼 보입니다. 문제는 하나님께 있는 것이 아니라 바로 우리 '자신'에게 있는 것입니다.

우리의 그릇을 키우기 위해서는 우선 공부해야 합니다. 학교를 진학하라는 것이 아닙니다. 실력을 키우는 공부를 하라는 것입니다. 우리가 꿈꾸는 방면의 책을 읽으면 됩니다. 우리에게 주신 소명의 색깔에 따라 관련 서적을 읽으면 됩니다. 각자에게 맡겨진 일과 관련된 책을 100권 읽으면 그 방면에 전문가가 됩니다. 처음부터 100권이 부담스러운 분은 10권을 도전해보길 권합니다. 그러면 보이기 시작할 것입니다. 자기 일과 관련된 책 한 권 읽지 않고, 사람들의 말에 따라 움직이고 있는 것은 아닌지 자신을 돌아보십시오. 사람들의 말을 듣고 상황을 모면하는 것은 실력이 아닙니다. 임기응변으로는 큰일을 할 수 없습니다. 그 순간만 모면하는 것입니다. 멀리 보기 위해서는 무엇보다 연구하고 공부해야 합니다. 하루에 두어 시간만 자신에게 투자해 보십시오. 그렇게 하루, 일주일, 한 달, 일 년, 삼 년 지나면 어떤 방면에서든지 탁월함을 드러낼 수가 있을 것입니다.

   마음에 생각만 하지 마시고 실제로 행동으로 옮기십시오. 마음의 결심을 행동으로 옮기는 사람은 10%가 안 된다고 합니다. 결심과 행동 사이를 가로막는 것이 있습니다. C. S. 루이스(Clive Staples Lewis)의 『악마의 편지』에 담긴 내용입니다. 어떤 신사분이 있습니다. 이분은 한 주에 한 번은 도서관에 들러 책을 읽는 분입니다. '어떤 책을 읽을까?' 고민하며 살피던 중 종교 서적이 눈에 띄었습니다. 순간 하나님이 어떤 분이신지 관심이 생겼습니다. 그때 사탄이 그의 마음에 찾아와 '골치 아픈 생각은 잊고 점심시간이니 밥부터 먹어라.'라고 합니다. 신사는 허기를 느끼고 식당으로 향합니다. 맛있는 식사를 하는 중에 좀 전에 멈춘 생각이 다시 떠오릅니다. '밥 먹는데 소화 안 되게 뭘 그런 생각을 해? 우선 밥이나 먹어.' 사탄은 그렇게 신사에게 속삭입니다. 생각을 내려놓고 열심히 밥을 먹고 이제 식당을 나옵니다. 이 신사의 마음속에 하나님에 대한 생각이 다시금 들기 시작합니다. 그런데 사탄도 계속해서 말합니다. '그런 생각은 한가할 때 해도 돼. 너 오늘 할 일 많잖아. 집에 가서 일 다 끝내놓고 다른 날 생각해.' 결국 그 신사는 하나님에 대한 정보를 하나도 얻지 못한 채로 집으로 돌아갔고, 사탄은 회심의 미소를 짓습니다. 사탄이 승리한 것입니다.

'미루는 것'은 사람의 속성이기도 하고 습성이기도 합니다. 거기에 사탄의 전략이 숨어 있습니다. 우리가 결심을 행동으로 바꾸는 사이에 골든타임이 있습니다. 골든타임은 3일, 72시간 정도 됩니다. 72시간이 지나면 모든 결심이 희미해지고 사라진다고 합니다. 72시간, 3일 안에 시작해야 합니다. 골든타임을 지나버리고 미루면 할 수가 없습니다. 그렇게 3일 안에 시작하고, 30일을 유지하고, 3년을 지속하면 사람의 삶은 완전히 달라집니다. 새로운 인생을 살아가게 된다는 겁니다.

> 그들은 이같이 내 이름으로 이스라엘 자손에게 축복할지니 내가 그들에게 복을 주리라 (민 6:27)

여러분은 다시 꿈꿀 수 있습니다. 하나님이 모든 것을 준비해 놓으셨습니다. 다시 우리에게 은혜를 베푸시며, 또다시 기회를 주십니다. '그들은 이같이 내 이름으로 이스라엘 자손에게 축복할지니.' 여기서 '그들'은 아론과 그의 자손들입니다. 제사장들입니다. 제사장이 축복하면, 다음에 '내가 그들에게 복을 주리라'고 합니다. 그들이 누구냐면, 이스라엘 백성들입니다. 제사장이 축복하면 그들에게 복을 준다는 의미입니다. 이것이 하나님의 마음이고 약속입니다. 여러분, 저는 제사장은 아니지만, 하남교회의 담임 목사입니다. 저와 하남교회 모든 목회자는 여러분을 위해 끝없이 기도하고 축복할 것입니다.

하나님의 약속이 있지 않습니까? 하나님의 말씀이 있지 않습니까? 그러므로 여러분 다시 꿈을 꾸십시오. 새로운 꿈을 가슴에 품고, 멋진 인생을 만들어가는 우리가 되기를 예수님의 이름으로 축복합니다.

13

당신은 무엇을 남기고 떠날 것인가?

눅 24:48-53

⁴⁸ 너희는 이 모든 일의 증인이라

⁴⁹ 볼지어다 내가 내 아버지께서 약속하신 것을 너희에게 보내리니 너희는 위로부터 능력으로 입혀질 때까지 이 성에 머물라 하시니라

⁵⁰ 예수께서 그들을 데리고 베다니 앞까지 나가사 손을 들어 그들에게 축복하시더니

⁵¹ 축복하실 때에 그들을 떠나 [하늘로 올려지시니]

⁵² 그들이 [그에게 경배하고] 큰 기쁨으로 예루살렘에 돌아가

⁵³ 늘 성전에서 하나님을 찬송하니라

    우리 인생 여정은 모래 위를 걸으며 남긴 발자국처럼 흔적이 남습니다. 어떤 사람은 많은 사람에게 상처를 주고 회한을 남겨, 아름답지 못한 흔적으로 가득합니다. 또 어떤 사람은 수많은 사람의 마음속에 따뜻함과 그리움, 감사를 남기는 사람도 있습니다. 우리의 삶이

얼마나 지속할지, 삶의 길이는 아무도 알 수 없습니다. 생명의 끝은 오직 하나님께 달려 있기에 사람으로서는 알 수가 없습니다.

다만 인생의 길이를 알지 못하고, 정할 수도 없지만, 우리가 할 수 있는 일이 있습니다. 삶의 내용을 어떻게 그릴 것인지, 어떠한 흔적을 남길 것인지 선택할 수 있다는 것입니다. 어떠한 선택을 하느냐에 따라 하루하루 기뻐하며 감사하게 살아 그에 맞는 흔적을 남길 수 있고, 원망하고 불평하는 삶의 선택으로 상처의 흔적을 남길 수도 있습니다. 이 세상을 살다 떠날 때 당신은 어떤 흔적을 남기고 싶습니까?

아름다운 이별

> 예수께서 그들을 데리고 베다니 앞까지 나가사 손을 들어 그들에게 축복하시더니 (눅 24:50)

예수님께서 제자들을 떠나실 때가 되었습니다. 3년간 동고동락하며 사랑으로 하나님의 말씀을 가르쳤던 제자들과 이별하십니다. 이 땅에 그들을 증인으로 남겨두시며 이제 하나님 나라로 올라가시는 것입니다. 예수님께서는 제자들을 베다니로 데리고 가셔서 손을 들어 축복하셨습니다. 축복하실 때 예수님의 심정이 어떠했을까요? 앞으로 그들에게 고난이 닥칠 것을 아시는 주님의 마음은 애타셨을 것입니다. 성령의 인도하심을 받아 증인으로 성장하리라는 것을 아시지만, 그들을 향한 애틋한 마음도 가득했을 것입니다. 그렇게 예수님은 제자들을 사랑으로 축복하신 후 하늘로 들려 올라가셨습니다. 너무 아름다운 이별의 모습입니다.

사람들이 소중하게 여기는 것이 세 가지 있습니다. 바로 돈, 가족, 건강입니다. 이 중 하나를 버린다면 어떤 것을 선택하시겠습니까? 돈도 중요하고, 가족도 중요하며, 건강도 너무나 중요합니다. 그렇지만 돈보다는 가족입니다. 그렇다면 가족과 건강 중 하나를 선택한다면 무엇을 버리시겠습니까? 정말 어려운 질문입니다. 밤을 새우고 생각해도 쉽게 답 내리기가 어려울 것입니다. 그런데 가만히 생각해 보면 돈도 가족도 건강도 모두 중요하지만, 때가 되면 우리 곁을 떠납니다. 부유할 때가 있지만 또 가난할 때도 있습니다. 재물은 날개를 달았기에 붙잡아 둘 수 없습니다. 가족도 때가 되면 떠납니다. 결혼하여 부모 곁을 떠나기도 하고, 먼저 소천하여 자녀의 곁을 떠나기도 합니다. 또한 아무리 건강하게 살아도 노화의 시계를 막을 수는 없습니다. 좋은 것을 먹고 열심히 운동해도 신체 기능은 점점 떨어집니다.

우리는 어차피 모든 것에서 이별해야 합니다. 이별이 우리 모두에게 피할 수 없는 일이라면, 우리는 아름다운 이별을 준비해야 합니다. 예수님께서 제자들과 이별하시던 장면을 떠올려 보십시오. 성경의 수많은 신앙 선조가 이 땅을 떠날 때를 생각해 보십시오. 아름다운 이별을 꿈꾸며 살아야 합니다. 모두가 겪는 이별을 아픔이 아닌 아름다운 이별로 만들어야 합니다. 이를 위해 준비해야 합니다. 그렇다면 아름다운 이별을 위해 무엇을 준비해야 할까요?

이별 준비 1: 구원받는 일에 힘쓰자

50대 후반의 여인이 예배당에서 하염없이 눈물을 흘리고 있습니다. 어릴 적에는 친구를 따라 주일학교를 잠시 다녔던 적도 있습니다. 청소년 시절에도 교회 수련회를 몇 번 따라갔지만, 꾸준하게 교회를 다니지는 않았습니다. 인생의 때마다 하나님은 이 여인을 부르셨는데 그 부르심에 응답하지 않은 거죠. 나이가 들어 결혼했고 아이를 낳았습니다. 어느 날 아이가 갑자기 건강에 문제가 생겼습니다. "하나님 제발 이 아이를 고쳐주세요. 아이의 병을 낫게 해주시면 제가 교회로 가겠습니다." 여인은 아이가 건강해지자 하나님을 또 잊습니다. 계속해서 전도의 손길이 닿았지만, 여러 이유를 들어 교회에 가지는 않았습니다.

세월이 흐르고 몸이 아프기 시작합니다. 암세포가 온몸을 아프게 합니다. 그제야 '내가 교회로 가야 하겠다. 더 이상 피할 수 없구나.'라는 생각이 들어 교회로 옵니다. 50년이 지나서 교회로 발걸음을 돌리며 회한의 눈물을 흘리는 것입니다. "내가 젊었을 때 뭐 했지? 난 무엇을 위해 살아왔지?" 하염없는 눈물을 흘리면서 지나간 시간을 후회합니다.

우리가 이 땅에서 아름다운 이별을 위해 준비해야 할 가장 첫 번째는 예수 그리스도를 나의 구주로 믿고 구원받는 것입니다. 구원받지 못하면 모든 것을 가졌다 할지라도, 아무것도 준비하지 않은 것과 같습니다. 우리는 이 땅에서 모두 잘 살고자 합니다. 잘 살기 위해서는 떠날 준비도 잘되어야 합니다. 여행이 즐거운 이유는 여행이 끝나고 나면 돌아갈 집이 있기 때문입니다. 여행이 끝나고도 돌아갈 집이 없다면 그것은 여행이 아니라 방황입니다. 유리하고 방황하며 정처 없이 떠도는 것입니다. 우리는 이 땅에 순례자로 왔습니다. 하늘나라에 소망을 두고 본향(本鄉)을 바라보며 이 땅에서 나그네와 같은 자세로 살아가는 것입니다. 우리 인생이 끝나면 아버지의 집으로 돌아갈 것입니다. 돌아갈 곳이 준비된 사람은 여행이 즐겁습니다. 사랑하는 여러분, "아이 좀 키워놓고, 돈 좀 벌어놓고, 여러 이유로 다음에 믿어야지."라고 말하지 마십시오. 오늘 지금 은혜를 받아야 합니다. 오늘 구원받아야 합니다.

> 이르시되 내가 은혜 베풀 때에 너에게 듣고 구원의 날에 너를 도왔다 하셨으니 보라 지금은 은혜 받을 만한 때요 보라 지금은 구원의 날이로다(고후 6:2)

오늘, 지금 은혜받고, 지금 구원받아야 합니다. 좀 더 여유가 생기면 예수님을 찾겠다고 미루지 마십시오. 그날은 오지 않습니다. 지금이 중요합니다. 이미 구원받은 사람은 돌아갈 집을 준비해 놓은 사람입니다. 그렇다면 구원받은 그리스도인들은 이 땅에서의 아름다운 이별을 위해서 무엇을 준비해야 할까요?

모세는 400년간 애굽에서 종살이하던 이스라엘 백성들을 가나안으로 이끈 지도자입니다. 가나안에 도착하기까지 광야 40년은 험난한 시간이었습니다. 이스라엘 백성들은 시시때때로 하나님을 원망하여 모세를 괴롭혔습니다. 도저히 참을 수 없었던 모세는 혈기를 부렸고 결국 약속의 땅, 가나안에는 들어갈 수 없었습니다. 가나안을 눈앞에 두고 하나님은 모세를 느보산으로 부르셨습니다. 느보산 정상에서 도달할 수 없는 가나안을 바라보며 죽음을 앞둔 모세는 무엇을 했을까요?

> 하나님의 사람 모세가 죽기 전에 이스라엘 자손을 위하여 축복함이 이러하니라(신 33:1)

40년간 광야를 걸으며 이스라엘 백성들과 가나안을 향해 가던 모세. 모세도 얼마나 가나안에 들어가고 싶었을까요! 모세가 하나님께 불평불만 한 것도 아니고, 철부지 이스라엘 백성의 불평불만에 혈기를 부렸다고 가나안에 들어갈 수 없다니! 이스라엘 백성 중 몇 명은 모세를 비방하며 화를 내고 돌을 던져 죽이려고까지 하였습니다. 모세는 억울하고 원망스럽지 않았을까요? 그런데도 모세는 가나안이 보이는 느보산에서 아름다운 이별을 합니다. 이스라엘 백성들을 향해 주의 이름으로 축복합니다. 아름다운 이별을 준비하는 것은 원수를 만들지 않는 것입니다.

예수님께서 제자들을 떠나실 때 손을 들어 축복하신 것처럼 축복하는 것입니다. 예수님의 제자들은 예수님을 모른다고 부인하며 도망친 전적이 있었습니다. 예수님은 그런 제자들을 찾아오셔서 손을 들어 축복하시며 떠나신 것을 떠올려 보십시오. 3년간의 가르침도 잊고, 철부지 같았던 제자들을 꾸중하시며 떠나신 것이 아니라, 그들을 향해 축복의 손을 흔들며 하늘로 올라가셨습니다.

> 그들이 [그에게 경배하고] 큰 기쁨으로 예루살렘에 돌아가 늘 성전에서 하나님을 찬송하니라(눅 24:52-53)

제자들은 큰 기쁨으로 예루살렘에 돌아갑니다. 이별의 아픔이 아니라, 이별의 서러움이 아니라, 큰 기쁨을 안고 돌아가는 것입니다. 주님은 손을 흔들며 하늘로 올라가시고, 남은 제자들은 큰 기쁨으로 예루살렘으로 들어가 찬송하며 기도하면서 예수님이 약속하신 성령을 기다리는 것이죠. 아름다운 이별입니다. 우리도 이처럼 아름다운 이별을 준비해야 합니다.

그런데 이 땅에서 살아가면서 아름다운 이별을 준비하기란 쉽지 않습니다. 우리는 아름다운 이별을 준비하며 살기보다는 어떻게 하면 남들과 비교하여 '더 잘 살 수 있을까?'를 생각하기 바쁩니다. 그래서 우리 인생의 동력이 무엇인지를 살펴보아야 합니다. 하나님 나라를 이미 선물 받은 그리스도인이지만, 우리가 힘을 다해 무엇을 쫓는지를 점검해보아야 합니다. 우리 인생의 동력이 욕망인지, 선한 목적을 따라 사명을 위해 살아가는지를 들여다볼 필요가 있습니다. 사람은 누구나 태어나면서부터 무엇인가를 향해 나아갑니다. 그 무엇이 욕망이 될 수도 있고 사명이 될 수도 있습니다. 우리 인생의 동력, 에너지가 어디로 향하고 있는지를 보면 내 삶을 '잘살고 있는지', 혹은 '겉보기에만 좋은 길인지'를 알 수 있습니다.

아브라함의 조카 롯은 욕망을 따라간 사람의 대표입니다. 자기 욕망을 좇아 소돔 땅을 선택합니다. 멸망의 도성, 죄악의 도성이지만 소돔은 보기에 좋은 곳이었습니다. '여기서 가축에게 물을 먹이면 좋겠구나. 저기서 농사도 지으면 좋겠네.' 삼촌 아브라함에게 먼저 선택할 권리를 양보할 수 있지만 롯은 먼저 욕망을 선택합니다. 그렇게 결국 모든 것을 잃어버리고 몸만 겨우 빠져나옵니다. 아내는 소금 기둥이 되고 맙니다. 욕망의 결과는 가슴 아픈 후회만을 남깁니다. 그런데 아브라함은 롯과 반대로 사명을 따라간 사람이었습니다. 지금 당장은 자신이 손해 보는 것 같지만, 하나님이 주신 사명에 순종하며 살아갑니다. 결과적으로 어떻게 되었습니까? 아브라함은 믿음의 조상이 되고, 복의 근원이 됩니다. 많은 사람이 복의 근원인 아브라함을 따릅니다.

　우리 주변에는 욕망을 좇아간 사람도 있고, 우리 삶의 원래 목적인 사명을 따라간 사람들도 있습니다. 대부분 힘 있고 젊을 때는 욕망을 따라 삽니다. 재미를 추구하며, 보기에 좋은, 육체의 욕망을 좇아 삽니다. 그런데 나이가 들고 병이 들면, 자기 삶의 방향을 수정하고자 합니다. 그러나 그때는 너무 늦을 때입니다. 젊고 혈기왕성할 때는 출세를 위해서, 승진을 위해서 삽니다. 예수님을 믿는 사람이지만 출세하고 승진하기 위해, 회식 자리에서 술 마시고 춤추며 상사에게 잘 보이려고 노력합니다. 수단과 방법을 가리지 않고 욕망을 이루기 위해 노력하는 것입니다. 그렇게 살았으니 어떻게 몸이 온전하겠습니까? 상사의 기분을 맞추기 위해 술 마시고 몸을 망가뜨리니 어느새 병든 몸만 남았습니다. 시한부 선고를 받고 자기 삶의 뒤안길을 보니 뜨거운 눈물만이 나옵니다.

　여러분은 청춘의 때에 무엇을 좇으며 살아오셨습니까? 인생의 목표가 무엇이었습니까? 여러분에게 '성공하지 마라.' '승진하지 마라.'라고 말하는 것이 아닙니다. 우리는 그리스도인으로 당당하게 승부수를 걸고 승진하고 출세하도록 노력해야 합니다. 그러나 그 자체가 최후의 목표는 아닙니다. 우리가 승진하고 성공하는 이유는 그것을 통해 하나님께 영광을 돌리기 위함입니다.

이별 준비 2: 증인으로 살자

> 너희는 이 모든 일의 증인이라 (눅 24:48)

예수님께서 승천하시기 전, 제자들을 향해 사명을 주십니다. "이 모든 일의 증인이라." 예수님의 죽음과 부활의 증인이 되라고 말씀하십니다. 증인은 법적 용어입니다. 증인은 자기의 증언이 진실함을 공개적으로 말하는 사람입니다. 거짓 증언하면 법적 책임을 물겠다는 뜻입니다. 험난하고 힘든 인생길이겠지만 공개적으로 당당하게 증인의 삶을 살라고 말씀하시는 것입니다. 세상은 거짓 증언으로 헐뜯겠지만, 하나님 나라 법정에 설 날이 반드시 올 것을 기억하고 증인으로 사는 삶을 온전하게 살라는 뜻입니다. 삶의 이유, 삶의 목적이 바로 주님의 죽음과 부활의 증인이 되는 것이라는 말입니다. 이것이 바로 개인의 삶의 이유요, 교회의 존재 목표입니다.

하남 지역에 복음을 더욱 힘써 전하기 위해 감일동에 감일하남교회 개척을 준비하고 있습니다. 또한 온라인 교회인, 메타하남교회도 준비하고 있습니다. 큰 건물을 짓는 것이 아니라, 힘들지만 우리가 할 수 있는 능력을 모아 조금씩 나아가고 있습니다. 감일하남교회도 큰 건물에 작은 곳을 분양받아 시작합니다. 메타하남교회도 교회 식당 한편에 장비를 들여 스튜디오를 만들고 있습니다. 뉴질랜드 이민자들을 위한 뉴질랜드 웰링턴하남교회도 세웠습니다. 이 모든 일이 모두 복음을 전하는 일입니다. 이것이 우리 교회에 주어진 사명입니다.

가만히 있으면 편합니다. 재정부담도 없고 좋은 사람들이 모인 우리 교회 성도들끼리 행복한 활동을 할 수도 있습니다. 그렇지만 나아가야 합니다. 제가 하남교회로 부임하여 건축을 두 번 했습니다. 본 예배당을 건축하고, 교회 옆 땅을 사서 또 쓰일 건물을 세웠습니다. 미국에서 이민 교회를 목회했을 때도 건축을 두 번이나 하였습니다. 우스갯소리로 목사가 교회 건축을 하면 스트레스를 받아 수명이 준다고 하던데 저는 두 번의 건축을 두 교회에서 했으니 아무래도 일찍 하나님께서 부르시지 않을까 하는 생각도 듭니다. 하남교회의 교육관을 건축할 때는 사실 힘든 시기였습니다. 그런데 그때가 하나님의 때였고, 그때를 놓치면 못 할 것 같았습니다. 당시 하남교회 부임한 지 3개월째인 저는 가진 것이 없었습니다. 은행에서 대출이 되지 않아 두 사람을 보증으로 세우고 돈을 빌렸습니다. 제가 갚지 못하면 그 사람들이 갚아야 하는 일입니다. 그런데 제가 열심히 그 이자를 갚았습니다. 그렇게라도 제가 하지 않으면 교회가 또 짐을 져야 하기에 열심히 동참했고 아름다운 주님의 전을 건축할 수 있게 되었습니다. 여러분 하나님의 일에 동참합시다. 아무 부담 가질 것 없습니다. 다만 주님이 우리에게 증인의 사명을 주셨으니 그 사명을 따라 살면 됩니다. 우리가 가야 할 길을 그냥 가는 것으로 생각하면 됩니다.

어느 날, 어느 때에 우리 인생이 끝날지 모르기에 아름다운 삶의 흔적을 남기고 떠나도록 준비해야 합니다. 발자국이 남는 것처럼 우리 인생길에 흔적이 남습니다. 아브라함이 지나간 자리에는 두 개의 흔적이 남았습니다. 유목민이기에 늘 양 떼를 몰고 여기저기를 다녔는데, 아브라함이 머문 곳에는 그들이 머문 텐트 자국과 돌무더기 자국이 남아있었습니다. 텐트는 그곳을 머무는 동안 지내는 곳이고, 돌무더기는 예배의 처소입니다. 거기에 제단을 쌓고 하나님께 예배했다는 말이죠. 아브라함이 지나간 자리는 반드시 돌무더기가 남았는데, 바로 믿음의 흔적이 남은 것입니다. 믿음의 사람이 지나간 자리에는 믿음의 흔적이 남게 되어 있습니다. 믿음의 흔적을 남기고 계십니까?

너희는 이 모든 일의 증인이라 (눅 24:48)

예수님은 떠나면서 제자들에게 너희들을 남겨놓고 간다고 합니다. 자신은 이제 떠나고 없지만, 제자들이 자신을 대신하여 복음을 전하는 증인이라고 말씀하시는 것입니다. 여러분 우리 역시 이 땅을 떠날 때 누구를 남겨놓을지 생각해야 합니다. 바로 증인입니다. 우리도 복음을 전하면, 복음을 들은 그 사람도 다른 사람에게 예수님을 증거 할 것입니다. 비록 우리는 생을 마치고 이 땅에 없지만, 우리를 대신하여 믿음의 후손들을 남겨두고 가야 합니다. 우리를 통해 복음을 전하는 사람을 남겨야 합니다. 개인이건 교회건 존재 이유는 복음을 전하는 것입니다.

영혼을 얻으려면 세 가지가 필요합니다. 첫째, 열심히 나가서 복음을 전해야 합니다. 둘째, 열심히 기도해야 합니다. 셋째, 물질로 헌신해야 합니다. 이 셋을 다 하든지, 둘을 하든지 아니면 하나라도 해야지 아무것도 하지 않는다면 그 사람은 흔적 남기기를 포기한 사람입니다.

지금 바로 준비하는 사람

미국에서 교회를 건축할 때의 이야기입니다. 당시 남미에서 미국으로 재이민을 오신 권사님이 계셨습니다. 그런데 권사님께서 교회를 건축한다고 하니 사람들에게 자꾸 이런 말을 하는 것입니다. 파라과이에서도 교회 건축을 했는데, 한 장로님께서 상당한 헌금을 했지만 이후 장로님 사업이 어려워져서 교회 득이 되지 않더라는 이야기입니다. 그 권사님의 의도는 '괜히 무리해서 헌금하지 마라.'라는 뜻이었겠지만, 제 마음은 너무 무거웠습니다. 큰 헌금을 하고 잘 되면 좋았을 텐데, 잘되지 않았다고 하니 안타깝기도 하며 어떻게 건축을 준비해야 하나 또 걱정도 되었습니다. 그런데 여러분, 잘될 수도 있고, 잘되지 않을 수도 있습니다. 정말 중요한 것은 그 장로님이 그때 그 헌금을 하셨다는 것입니다. 그리고 건축이 되었다는 것입니다. 어려워지면 어떻게 합니까? 할 수 있을 때 해야 합니다. 범사에 때가 있는 것입니다. 주어진 그때 어려우면 어려운 대로, 넉넉하면 넉넉한 대로 해야지, 다른 때가 있는 것은 아닙니다.

지금 해야 합니다. 우리 삶이란 늘 변화가 있습니다. 좋다가도 나빠질 수 있고, 나쁜 상황이지만 좋아지기 직전일 수도 있습니다. 그래서 가장 좋은 때는 바로 지금입니다. 지금 내가 어려워도 지금 할 수 있는 일은 반드시 있습니다. 그리고 여러분이 사용한 것만 여러분의 것입니다. 쌓아둔 것도 자신의 것으로 생각하는 어리석은 부자의 모습을 떠올려 보십시오. 쌓아둔 것은 어디로 갈지 누구도 알 수 없습니다. 공중에 흩뿌려질지, 누가 훔쳐 갈지, 좀이 먹을지 알 수 없습니다. 사용한 것만 우리 것입니다. 그리고 사용하되 자기 자신의 유익만을 위해 먹고 마시는 데 사용한다면 그것 역시 아무것도 아닙니다. 이 땅에 남는 게 아무것도 없습니다. 하나님께 드린 것만 영원히 하나님께 기억됩니다.

> 범사에 기한이 있고 천하 만사가 다 때가 있나니 (전 3:1)

모든 일에는 때가 있고, 그때는 우리를 기다려주지 않습니다. 지나간 시간은 되돌릴 수 없습니다. 오늘 은혜받고, 오늘 구원받고, 오늘 믿음의 삶을 살길 축복합니다. 우리는 때가 되면 세상을 떠날 것입니다. 우리 삶의 기한이 다하는 날 아버지 집으로 돌아갈 것입니다. 우리는 행복한 하나님 아버지 품으로 가겠지만, 이 땅에는 무엇을 남겨놓고 떠나시겠습니까? 하나님 앞에 가면 하나님께서 우리에게 질문하실 것입니다. "너에게 준 그 시간에 무엇을 하다 왔니? 또 너에게 준 재물은 많거나 적거나 상관없이 어디에 사용했니?"

삶이란 늘 굴곡의 연속입니다. 형통한 날도 있고 고난의 날도 있습니다. 늘 돌고 돌아갑니다. 맑은 하늘을 보는 날이 있으면, 구름 끼거나 흐린 날씨의 하루도 있습니다. 맑은 날이 계속되면 좋겠지만 비 오는 날도 오고, 바람 부는 날도 오며 또 태풍이 몰려오기도 합니다. 맑은 날뿐만 아니라 우리는 흐리고 궂은 날에도 형통의 삶이었다고 고백할 수 있습니다. 바로 하나님의 뜻을 기억하며 그 존재 이유로 살아갈 때 맑고 흐린 인생 날씨에 상관없이 주님 손안에 있는 형통의 날을 경험하는 것입니다. 여러분은 이 땅에 무엇을 남기고 떠나시겠습니까? 아름다운 이별을 준비하시고 멋진 인생의 끝날을 준비하시기 바랍니다. 어느 날 인생 끝날을 맞이할 때, 예수님처럼 주위에 있는 사람들에게 축복하고 하늘나라에서 다시 만날 때를 그리워하는 아름다운 이별 말입니다. 비록 우리는 이 땅을 떠나고 없어도 계속해서 복음을 전할 수 있는 영혼을 남겨놓고 떠날 때 우리 인생 소풍은 잘 마친 것입니다. 아름답고 향기 나는 흔적을 남기는 성도가 되기를 주의 이름으로 축복합니다.

소중한 내 인생
지금부터 시작이다

1판 1쇄 | 2022년 12월 01일

지은이 | 방성일
펴낸이 | 박상란
펴낸곳 | 피톤치드

디자인 | 김다은 교정 | 강지희
경영·마케팅 | 박병기
출판등록 | 제 387-2013-000029호
등록번호 | 130-92-85998
주소 | 경기도 부천시 길주로 262 이안더클래식 133호
전화 | 070-7362-3488
팩스 | 0303-3449-0319
이메일 | phytonbook@naver.com

ISBN | 979-11-92549-10-1(03230)

•가격은 뒤표지에 있습니다.
•잘못된 책은 구입하신 서점에서 바꾸어 드립니다.